스피노자,

퍼즐을 맞추다

탐 철학 소설 08

스피노자, 퍼즐을 맞추다

초판 1쇄 2013년 11월 26일
초판 4쇄 2022년 12월 23일

지은이 김경윤

편집 박은정
마케팅 강백산, 강지연
디자인 땡스북스 스튜디오, 유민경
표지 일러스트 박근용

펴낸이 이재일
펴낸곳 토토북

주소 04034 서울시 마포구 양화로11길 18, 3층 (서교동, 원오빌딩)
전화 02-332-6255 | 팩스 02-332-6286
홈페이지 www.totobook.com | 전자우편 totobooks@hanmail.net
출판등록 2002년 5월 30일 제10-2394호
ISBN 978-89-6496-168-1 44100
ISBN 978-89-6496-136-0 44100 (세트)

● 이 책의 사용 연령은 14세 이상입니다.
● 탐은 토토북의 청소년 출판 전문 브랜드입니다.

스피노자,

퍼즐을 맞추다

김경윤
지음

08

탐
철학
소설

탐

우리는 영원한 신의 퍼즐 한 조각
작디작은 퍼즐 한 조각
모두가 다르고 예쁜
퍼즐 한 조각

유일하고 존귀한
퍼즐 한 조각
이 조각 없으면
신은 완성되지 않아

이미 완벽한 기쁨인
퍼즐 한 조각
다른 것이 되면 안 돼
신이 완성되지 않아

나무는 나무로
꽃은 꽃으로
바람은 바람으로
사람은 사람으로
나는 나로
너는 너로

있는 그대로
아름답게 살아가면 돼
지금 이대로
너무도 예쁜 퍼즐 한 조각

차례

스피노자는 17세기에 네덜란드에서 유대인으로 태어나 44세의 젊은 나이에 죽은 철학자입니다. 서양에 다른 철학자에 비해 알려진 것이 거의 없는 철학자이지요. 대부분의 사람들은 스피노자하면 사과나무가 떠오를 거예요. 내일 지구가 멸망하더라도 한 그루의 사과나무를 심겠다는 명구 말이에요. 하지만 그 명구조차 사실은 스피노자가 한 말은 아니에요. 조금 더 스피노자에 대해서 알고 있는 사람은 이성을 중시하는 대륙의 합리론자 정도의 정보를 가지고 있을 거예요. 이렇게 볼 때 보통사람에게 스피노자는 거의 무명인에 가까운 철학자이지요.

하지만 스피노자는 그렇게 스치고 지나가듯 알기에는 너무도 소중한 철학자입니다. 그는 중세시대의 전통적인 종교관을 극복하고 근대철학을 새롭게 구상한 철학자예요. 선배 철학자인 데카르트의 철학에 심취하지만, 데카르트 철학의 문제점을 따끔하게 비판한 사람이기도 하지요. 게다가 근대 철학자들 중에서는 유일하다 할 정도로 인간의 감정과 욕망에 대해서 깊이 있게 탐구한 사람이기도 해요. 그는 인간이 행복하기 위해서는 무엇을 알아야하며, 어떻게 살아야 하는지 평생을 두고 연구했지요. 그리고 그 위대한 연구의 결과가 고스란히 담겨 있는 책이 바로 『에티카』지요.

그런데 이 책이 그리 녹록한 책은 아니에요. 일산에 있는 학부모님을 대상으로 스피노자의 『에티카』를 강독한 적이 있어요. 강독을 모두 마친 후 학부모님은 이구동성으로 스피노자는 왜 그렇게 말을 어렵게 하느냐며 혀를 내둘렀지요. 수많은 고전을 강독해 보았지만 정말 힘든 시간이었어요. 한 학부모님이 부탁하더군요. 스피노자의 『에티카』를 아이들도 이해할 수 있는 수준으로 써 줄 수는 없냐고요. 정말로 좋은 내용인데 아이들이 이해하기에는 너무도 어렵다면서. 그래서 용기를 내보기로 했습니다.

이 책은 청소년을 대상으로 소설처럼 쓴 스피노자의 『에티카』 이야깁니다. 스피노자에 빠져 있는 한 안경점 주인인 김바르가 '푸른꿈'이라는 지역아동센터의 아이들과 만나서 스피노자 철학을 생활 속에서 이야기하는 구성이에요. 아이들의 고민에 스피노자의 지혜를 녹여내는 방식이지요. 본문에 스피노자의 말을 그대로 인용한 부분도 있지만, 대부분 쉽게 해설하면서 각주로 그 이야기의 출처를 밝혀 놓았어요. 필요하다면 확인을 해도 되지만, 확인하지 않더라도 의미가 전달되도록 노력했어요.

저는 이 소설을 통해서 스피노자의 『에티카』가 이야기하는 핵심적인 내용들을 모두 다뤄 보려고 욕심을 냈지요. 전통적인 기독교에서 언급하는 신과는 다른 철학적 신의 이야기, 인간의 감정 이야기, 사랑 이야기, 노예와 자유인의 이야기, 선과 악의 이야기, 정신과 육체 이야기, 행복과 불행 이야기, 지식과 실천의 이야기 등 다양한 주제들이 이 책에서 다뤄지지요. 비록 적은 분량의 소설이지만, 우리는 이 책을 통해서 다양한 철학적 주제를 만나게 될 거예요. 그러면서 자신의 생각도 한번 정리해 볼 수 있는 시간도 갖게 되기를 바랍니다.

개인적으로 제가 이 책을 쓰게 된 또 하나의 이유는, 자유로운 종교인이 되기 위해서예요. 제가 다니는 동녘교회는 27년이나 된 교회지만 교인이 아주 적어요. 이 교회를 처음 만든 홍정수 목사님은 "제 정신을 가지고도 종교생활을 할 수 있다"고 생각하는 신학자였지요. 그로 인해서 수많은 비난과 고초를 겪었지요. 하지만 이성과 신앙이 충돌하는 것이 아니라, 이성적으로 생각을 하면서도 얼마든지 종교생활을 건강하게 할 수 있어요. 그리고 그러한 것이 가능하다는 것을 17세기 철학자 스피노자는 우리에게 보여 주었지요. 참다운 종교는 우리를 죄의식에 빠뜨리는 종교가 아니라 우리를 자유롭게 만들어야 한다고 생각해요. '참 자유인', 얼마나 멋진 말이에요. 저는 이 책이 종교생활에 지치고 힘든 사람에게 용기가 되었으면 좋겠어요. 물론 종교생활을 하지 않는 청소년들도 이 책을 읽으면서 자유로운 삶이 무엇인지 한 번쯤은 깊이 있게 고민할 수 있었으면 좋겠어요.

이 책을 쓰면서 고마운 사람들이 많이 떠올랐어요. 무엇보다 일산지역에서 동녘꿈터를 운영하는 변경수 목사님과 동녘지원아동센터를 운영하는 최성복 센터장님에게 감사드려요. 그분들이 아니었다면 종교생활을 다시 할 수 없었을 거예요. 지역아동센터에 인문학 수업이라도 해 드리고 싶었는데, 이 책을 통해서나마 가상의 수업을 할 수 있겠네요. 그곳에서 꿋꿋하게 자라고 있는 아이들에게 이 책을 선물하고 싶어요. 그리고 자유로운 공동체를 꿈꾸며 활동하고 있는 동녘교회 교우들과 그곳에 밝고 명랑하게 자라는 청소년들에게도 감사해요. 그리고 이 책을 먼저 읽고 이곳저곳 따뜻하게 지적해 준 우리 아이 준하와 지우에게도 감사해요.

물론 이 책의 가장 충실한 독자는 아내였어요. 만약에 아내가 아니었다면 이 책은 지금의 형태와는 아주 다르게 나왔을 거예요. 마지막으로 이 책의 원고가 쓰여질 때마다 원고를 검토하고 먼 곳까지 찾아와 조언을 아끼지 않았던 탐출판사의 박은정 편집장과 보이지 않는 곳에서 이 책을 만들어주신 모든 출판사, 인쇄소, 제본소의 일꾼들에게도 감사의 말씀을 전합니다.

이 책이 힘들지만 용기를 잃지 않고 자유를 향해 뚜벅뚜벅 걸어가는 사람들에게 조금이나마 빛을 주는 책이 되었으면 좋겠어요. 이 책을 읽는 여러분이 바로 그 빛의 동료라고 생각해요. 감사해요.

2013년 겨울을 눈 앞에 두고
자유청소년도서관에서 김경윤

하늘에 시원한 물방울이 퍼져나갔다. 물방울이 만들어 내는 물안개로 잠시 동안 작은 무지개가 생겼다가 사라졌다. 안경점 주인인 김바르가 유리 벽을 청소하는 중이다. 유리 벽에 뿌려진 물줄기가 유리를 타고 흘러내리자, '사과나무 안경점'이라는 초록빛 글자가 더욱 선명하게 나타났다. 유리 벽에는 한 그루의 사과나무가 그려져 있다. 그리고 그 밑으로 조그마한 글자들이 새겨져 있다.

내일 지구가 멸망한다 해도, 나는 오늘 한 그루 사과나무를 심으리라.

물청소를 막 끝낸 김바르가 호스를 거둬들이고 있는데, 뒤에서 인기척이 들렸다.

"잘 지냈나?"

"아이고 선생님, 이 이른 시간부터 웬 행차십니까?"

"안경점에 뭐 하러 왔겠나, 안경 맞추러 왔지."

"벌써요? 지난번에 안경 해 드렸잖아요."

"깜빡하고 밟아 버렸어."

김바르는 웃으며 박선환 선생을 안경점으로 모시고 들어갔다. 박선환 선생은 김바르의 고등학교 은사다. 지금은 학교를 정년퇴직하고 동네에서 '지성문고'라는 작은 서점을 운영하고 있다. 김바르의 청소년 시절 방황하는 김바르를 이끌어 준 선생이다.

"시력이 그 사이 나빠지셨네요. 요즘도 책 많이 읽으세요?"

김바르는 시력 측정기에서 눈을 떼며 물었다. 박선환이 눈을 부비며 대답했다.

"서점하는 사람이 책 읽는 것 말고 할 일이 있나?"

김바르는 웃으며, 박선환에게 커피 한 잔을 건넸다.

"안경 만드는 동안, 커피나 한 잔 하시면서 기다리세요."

박선환은 햇빛이 잘 드는 유리창 쪽 의자에 앉았다. 의자 옆 탁자에는 작은 책꽂이가 놓여 있고, 몇 권의 책이 꽂혀 있었다. 박선환은 그중 낡은 책 한 권을 꺼내들며 김바르에게 말했다.

"이 책을 여전히 갖고 있군. 책이 아주 너덜너덜하네."

김바르는 안경테에 알을 끼우며 박선환 쪽을 바라보았다. 박선환이 들고 있는 책은 스피노자의 『에티카』였다.

"선생님이 추천해 주신 책이잖아요."

"그랬지, 하지만 난 이 책을 자네에게 추천한 것을 후회할 때가 많아. 이 책 때문에 결국 자네가 신학 대학을 그만두게 됐잖아."

김바르는 완성된 안경을 박선환에게 건네며 탁자 옆 의자에 앉았다.

"그때가 언제 이야기인데 지금까지 기억하세요?"

"그때를 어떻게 잊을 수 있겠나. 이 책만 아니었으면 지금쯤 자네는 훌륭한 목사가 되었을 텐데……."

"……."

잠시 침묵이 흘렀다. 박선환은 『에티카』를 탁자에 어색하게 내려놓으며 새로 맞춘 안경을 끼어 봤다.

"그래, 잘 보이는구먼. 얼만가?"

"에이 선생님도 매번 오실 때마다 괜한 말씀하세요. 그냥 가세요."

"매번 이렇게 돈 안 받으면, 내 다른 안경점으로 갈 거야."

"그러시던지요."

"어허, 이 사람이."

김바르는 박선환이 내려놓은 『에티카』를 집어 들었다. 그리고 표지를 가만히 만져 보았다. 박선환의 온기가 전해지는 것 같았다.

김바르는 살며시 웃으며 박선환을 바라보았다.

"아참, 내 정신 좀 봐. 내가 늙으니까, 정신이 깜빡깜빡하네."

"뭐 잊으신 것 있으세요?"

"아니, 그게 아니고. 자네 이성숙 여사 알지?"

"네, '푸른꿈지역아동센터'에 계시잖아요. 선생님께서 후원하자고 하셔서 꼬박꼬박 후원금 보내 드리고 있는데요. 이번에 송금이 안 됐나요?"

"아니, 이성숙 여사가 자네를 좀 보자고 해서."

"저를요? 무슨 일로……."

"사실은 내가 자네를 추천했어. 이번에 '푸른꿈'에서 철학 선생을 구한다고 하기에."

"네? 제가 무슨, 선생님이라면 모를까."

"나야 이제 눈도 침침하고 기력도 떨어져서 애들 가르칠 나이가 아니지. 자네야 내 특급 수제자 아닌가."

"칭찬이 과하신데요."

"딴말 말고, 내가 그렇게 일러 놨으니, 조만간 한번 찾아가 봐. 내 그리 믿고 가네."

박선환은 대답도 듣기 전에 안경점을 나섰다. 김바르는 박선환을 배웅했다.

따뜻한 5월의 봄바람이 꽃향기와 함께 안경점 안으로 스며들었다. 김바르는 문을 열어 놓은 채로 탁자 옆 의자에 앉았다. 밀려 들어온 봄바람이 탁자에 펼쳐놓은 『에티카』 책장을 부드럽게 넘기고 있었다.

김바르는 책을 들어 펼쳐진 쪽을 물끄러미 바라보았다. 세월의 흔적으로 누렇게 변했지만, 인쇄된 글자들은 아직도 선명하게 지난 세월을 증언하고 있는 듯했다. 김바르는 펼쳐진 쪽에 선명하게 그어진 밑줄을 발견했다.

"인간은 인간에게 신이다."[1]

그 문장은 마치 계시처럼 김바르의 눈에 와 박혔다. 가슴이 뛰기 시작했다. 스피노자가 자신에게 말을 거는 것 같아 살짝 현기증을 느꼈다.

김바르는 책장을 덮고 창문 밖을 쳐다보았다. 사람들이 분주히 지나가고 있었다. 신의 원리로 돌아가는 세상, 스피노자의 눈으로 보는 세상. 모든 것이 신의 모습인 세상.[2]

[1] 『에티카』 4부 정리 35, 주석

[2] "인간은 신 안에 있으며 또는 신 없이는 존재할 수도 생각될 수도 없는 어떤 것이다. 또는 신의 본성을 어떤 일정한 방식으로 표현하는 변용이거나 양태이다." – 『에티카』 2부 정리 10 증명

1

신

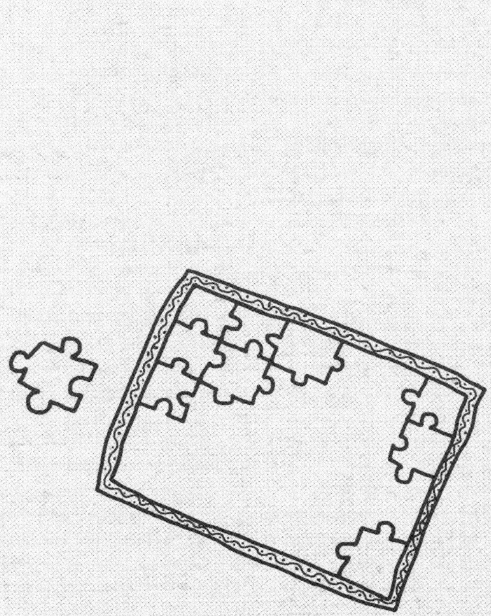

1.

김바르는 일을 마치고 집으로 돌아와 잠을 청했으나, 잠이 들지 않았다. 잠이 들지 않을 때는 억지로 잠을 청하지 않고, 책을 읽는 것이 김바르의 오래된 습관이다.

김바르는 안경점에서 가져온 스피노자의 『에티카』를 펼쳐 보았다. 책에는 젊은 날부터 읽어 온 흔적이 남아 있었다. 가령, "존재하는 모든 것은 신 안에 있으며, 신 없이는 아무 것도 존재할 수도 또 파악될 수도 없다."[3]에는 붉은색으로 밑줄이 쳐 있고, 그 옆의 빈칸에 김바르는 이렇게 써 놓았다.

'우리가 신이다!'

우리가 신이라니? 이 얼마나 불경스런 말인가? 또한 얼마나 가슴이 뛰는 말인가? 청소년 시절 교회를 열심히 다니던 김바르는 신의 문제에 대해서 누구보다 열정적으로 탐구하였다. 다른 학생들이 입시 공부에 전념하고 있을 때, 김바르는 일찍이 신학 대학을 목표로 성경 공부에 몰두했다. 주변에서는 걱정 반 기대 반으로 김바르의 모습을 지켜보았다.

그런 김바르의 모습을 애정 어린 눈으로 지켜보았던 사람이 바로 박선환이었다. 그는 김바르가 다니는 고등학교의 윤리 선생으로 담임까지 맡고 있었다. 김바르가 신앙적 고민을 가장 많이 털어놓은 사람 역시 박선환이었다. 김바르는 교회의 목사나 전도사에게 신앙 상담을 해 보았지만, 그들에게서 뾰족한 답을 찾지 못하고 질문만 늘어갔다. 그때, 그 질문을 고스란히 받으면서 김바르를 자상하게 지도해 준 선생 또한 박선환이었다.

"바르는 요즘 입시공부보다는 신에 미쳐 사는 것 같구나. 너 같은 사람이 철학자 중에 한 명 있는데, 소개해 줄까?"

김바르는 박선환의 제안에 눈이 번쩍 뜨였다. 흥분하며 누구냐고 물었다.

"17세기에 네덜란드에서 활동한 철학자인데, '신에 미친 사람'이라는 별명을 가지고 있지. 그 사람 이름이 스피노자야. 그 사람이 쓴 대표적인 책이 『에티카』란 책인데, 어딨더라? 이 근처에 있었는데."

박선환은 자신의 책장을 두리번거리더니 책 한 권을 꺼내서 김바르에게 건넸다. 김바르는 뛸 듯이 기뻐하며 책을 받아서 펼쳐 보았다. 제1부의 제목이 '신에 대하여'였다. 김바르는 이 책이라면 자신의 고민을 해결해 줄 것만 같았다.

"선생님, 이 책 저 며칠만 빌려 주세요."

"책이 어려워서 며칠 만에 읽지는 못할 거야. 내가 주는 선물이라고 생각해라."

김바르는 몇 차례나 고맙다는 인사를 하고 책을 보물이나 되는 양 가슴에 품고 교무실에서 나왔다. 김바르는 교실에 들어가 책을 펼쳐 읽기 시작했다. 박선환의 예상대로 책은 쉽게 읽히지 않았다. 정신을 바짝 차리고 읽어 보았지만, 도무지 무슨 말인지 이해되지 않았다.

그 책을 20년이 지난 지금 다시 읽고 있었다. 수십 번이나 읽고 읽었던 책, 자신의 운명을 송두리째 뒤바꿔 놓은 책! 김바르는 책장을 덮고 낮에 박선환이 한 제안을 생각해 보았다. '과연 내가 할 수 있을까?' 확신이 서지 않았다. 하지만 자신을 늘 지켜보던 스승의 제안을 거절할 명분도 없었다.

김바르는 눈을 감고 고요히 묵상에 잠겼다. 자신에게 맡겨진 아이들을 신처럼 여긴다면 가능하지 않을까? 청소년 시절 자신을 떠올리며 한번 도전해 보기로 마음먹었다.

그래, 아이들에게 스피노자를 가르치자. 두려움 없이 진리를 추구하도록 하자. 슬픔보다는 기쁜 삶을 살아갈 수 있도록 하자. 아이들이 영원의 시선으로 세상을 바라볼 수 있도록 노력해 보자. 이렇게 마음을 먹으니 모든 것이 갑자기 명료해졌다. 거실 괘종시계의 울림이 선명하게 들려왔다. 시계 바늘은 새벽 두 시를 알리고 있었다.

2.

“안녕 얘들아? 내 이름은 김바르야. 너희와 함께 철학 수업을 하게 되었어. 잘 부탁한다.”

푸른꿈지역아동센터에 모인 중학생 20여 명이 박수치며 김바르를 환영했다. 새로운 선생을 쳐다보는 학생들의 눈길에는 호기심이 가득 차 있었다.

“뭐 하는 분이세요?”

한 여학생이 명랑한 목소리로 물었다.

“안경점을 하고 있어.”

“안경점을 하는 분이 철학을 가르치세요?”

김바르는 질문한 학생을 쳐다보며 웃음 머금고 말했다.

“그러게 말이다. 어쩌다 보니 그렇게 됐네.”

학생들이 모두 까르르 웃는다.

"그럼 무슨 철학을 가르치세요? 혹시 안경철학을 가르치시는 건 아니지요?"

"안경철학?"

"지난번 철학 선생님은 수의사셨는데, 그분은 개똥철학을 가르치셨거든요."

학생들이 박수를 치며 웃었다. 김바르는 재미난 아이구나 생각하며 질문한 학생에게 물었다.

"학생 이름이 어떻게 되지?"

"저는 은희에요. 홍은희, 중3이구요."

김바르는 여학생의 이름을 머릿속으로 되뇌어 외웠다.

"연세는 어떻게 되세요?"

다른 남학생이 물었다.

"올해로 서른다섯이야."

김바르가 대답하자, 짓궂은 표정을 지으며 또 묻는다.

"결혼은 하셨고요?"

"아직 안 했는데."

"그럼 완전 노총각이네."

노총각이라는 말을 들은 학생들이 다시 크게 웃기 시작했다. 옆에서 지켜보던 이성숙 센터장이 빙긋이 웃으며 끼어들었다.

"지우야, 처음 뵌 선생님을 놀리면 안 되지."

그리고 김바르를 향해 죄송한 표정을 지으며 말했다.

“애들이 버릇이 좀 없어요.”

김바르가 손을 가로저으며 대답했다.

“아니오. 괜찮습니다. 명랑하고 좋네요.”

이성숙 센터장은 아이들을 조용히 시키고, 김바르에게 말했다.

“오늘은 인사만 하시고 아이들과 함께 텃밭에 가 보시는 게 어떠세요? 날씨도 좋은데.”

첫날부터 수업을 진행하기보다는 아이들과 몸으로 친해지라는 센터장의 배려다.

“그럼, 그럴까요?”

아이들이 야외 수업이라며 환호성을 질렀다. 센터장은 아이들과 김바르를 봉고차에 태우고 텃밭으로 향했다. 텃밭에는 이미 센터의 다른 선생들이 와서 일하고 있다. 아이들이 할 일은 그렇게 많이 남아 있지 않았다.

“우리 푸른꿈에서는 아이들이 먹는 채소를 직접 재배해요. 식비를 줄여 좋고, 유기농으로 키운 건강한 채소를 먹여서 좋으니, 일거양득인 셈이지요. 그런데 농사는 지어 보셨어요?”

센터장의 질문에 김바르는 환하게 웃으며 답했다.

“제가 농촌 출신입니다. 대학교에 다닐 때도 농활대장을 맡아서 했고요.”

"그럼 다음부터는 아이들 구역을 맡아 주시면 되겠네요. 한 20평쯤 되는데."

"맡겨만 주십시오. 20평이면 아이들과 한 시간 안에 충분히 해결할 수 있겠네요."

센터장은 환한 웃음을 지었다. 아이들도 김바르를 바라보며 환하게 웃었다. 센터장은 지우를 소개했다.

"이 아이가 지우에요. 중3이죠. 농사대장을 맡아서 일해요. 아이들 중에서 가장 일을 잘하고, 텃밭 농사 경험도 많으니까 많은 도움이 되실 거예요."

김바르는 지우를 보며, 잘 부탁한다는 의미로 악수를 청했다. 지우도 웃으며 손을 내밀어 김바르의 손을 잡았다. 중3 학생치곤 손힘도 세고 체격도 다부졌다.

일은 일찍 끝났다. 이미 센터의 선생들이 밭을 다 만들어 놓은 상태여서 아이들은 쌈 채소 씨앗만 뿌리면 됐다. 청상추, 꽃상추, 겨자채, 청경채 씨앗을 구역을 나눠 줄뿌림으로 심었다. 여학생들은 수도에 호스를 연결하여 씨앗이 뿌려진 곳에 물을 듬뿍 뿌려 줬다.

일을 마치자 아이들은 삼삼오오 모여서 자신이 가꾸는 텃밭을 배경으로 기념사진을 찍었다. 사진은 스마트폰에 저장되었다가, 금세 SNS로 옮겨진다. 김바르는 요즘 아이들의 문화를 재밌어하며, 함께 사진을 찍어서 저장했다. 아이들이 좋아하는 SNS를 개설할 생각을 하면서.

김바르는 일도 마쳤으니까 기념으로 아이스크림을 먹자고 말했다. 아이스크림은 지우가 사 오기로 했다. 김바르는 아이스크림을 살 돈을 지우에게 건네고, 아이들과 함께 텃밭 창고로 갔다. 창고는 제법 넓었다. 농기구들이 한편에 가지런히 놓여 있다. 아이들은 창고에서 목공도 배운다고 했다. 창고에는 아이들이 앉아서 쉴 수 있는 의자가 충분히 있다. 김바르는 종종 모임을 여기서 가져도 좋겠구나 생각했다.

지우가 사 온 아이스크림을 먹으며 김바르는 아이들에게 물었다.

"이전 철학 선생님이 개똥철학을 가르쳤다는데 사실이니?"

"순진하시긴. 설마 개똥철학을 가르치셨겠어요? 그냥 우리가 질문하는 것에 대해서 이런 저런 철학자들의 이야기를 해 주시면서 이야기를 나눴어요. 그 선생님이 자신은 개 전문 수의사니까, 자신의 철학을 개똥철학이라고 말한 거지요."

은희가 말했다. 김바르는 참 재미난 선생이었구나 하고 생각했다. 지우가 아이스크림을 입에 물고 김바르에게 물었다.

"성생님은 무얼 가르치실 거지용?"

"나? 나는 안경점을 하니까 안경철학을 가르치려고 하는데, 왜 안 되겠니?"

아이들은 안경철학이라고 말하며 웃었다. 지우가 아이스크림을 삼키고 말했다.

“농담하지 마시고요.”

“아니, 농담이 아닌데, 너희 안경철학이 얼마나 재밌는지 모르지?”

아이들은 반 호기심, 반 의아한 표정으로 김바르를 쳐다보았다. 김바르는 안경을 벗어서 아이들에게 보여 주며 말했다.

“이 안경 말이야. 무슨 역할을 하니?”

“잘 보이게 하는 역할을 하지요?”

한 아이가 대답했다.

“그래, 맞았어. 안경은 우리가 시력이 안 좋을 때, 우리의 시력을 교정해서 잘 보이게 만드는 역할을 하잖아. 안경철학이 바로 그런 역할을 하는 거야. 세상이 이해가 안 될 때, 어떻게 돌아가는지 잘 안 보일 때, 안경철학은 그 세상을 잘 보이게 하지. 게다가 안경 렌즈는 과학의 위대함을 보여 주는 멋진 발명품이야. 너희 현미경이나 천체 망원경 알고 있지?”

“당연하죠.”

“그래, 현미경은 우리 눈으로 볼 수 없는 아주 작은 것들도 볼 수 있고, 망원경은 예전에는 전혀 관찰하지 못했던 우주의 별도 볼 수 있게 해 주지. 만약에 현미경이나 망원경이 없었다면 우리는 세상의 아주 적은 부분만 볼 수 있었을 거야.”

아이들은 이해가 된다는 듯 고개를 끄덕였다.

"철학자 중에서는 이런 렌즈를 만드는 것으로 생계를 꾸렸던 사람도 있었지."

"정말이요?"

은희가 신기한 듯이 물었다. 김바르는 신이 나서 말했다.

"그럼, 17세기에 네덜란드에 스피노자란 철학자가 있었는데, 유대인이었어. 그런데 이 사람은 유대교에서 이야기하는 신앙의 내용을 거부했기 때문에 결국 파문되고 말았지. 그래서 렌즈 가공 기술을 배워 그것으로 먹고 살았단다."

"누구라고요?"

한 아이가 딴청을 피웠는지 다시 물었다.

"스/피/노/자"

김바르는 철학자의 이름을 한 자 한 자 또박또박 끊어서 말해 줬다. 은희가 김바르는 바라보며 아는 척을 했다.

"내일 지구가 멸망한대도 오늘 사과나무 한 그루를 심겠다고 말한 철학자요?"

"사람들은 그 구절을 스피노자가 한 말로 아는데, 사실은 스피노자가 한 말이 아니라 종교 개혁을 했던 루터가 한 말이야. 하지만 스피노자의 정신에도 제법 어울리는 말이지. 스피노자는 신에 대한 사랑과 인간에 대한 희망을 결코 놓지 않았거든."

아이들은 고개를 끄덕이며 재미있다는 듯 좀 더 이야기를 해 달라고 졸랐다. 김바르는 아이들을 쳐다보았다. 아이들의 반짝이는 눈들이 하늘의 별을 닮았다는 생각을 했다. 어려운 가운데서 성장한 아이들인데, 이렇게 맑은 눈빛을 가질 수 있다니. 김바르는 함께 하기로 결정한 것이 참 잘한 일이라고 스스로 생각했다.

3.

오늘은 푸른꿈이 김장하는 날이다. 매월 한 번씩 김치를 담그는데, 이런 날에는 일손이 부족해 서녘교회 여선교회에서 자원봉사자들이 찾아온다.

대부분 중년의 여성으로 구성되어 있는 자원봉사단에 중학생쯤 되어 보이는 남학생이 끼어 있다. 이를 의아하게 생각한 이성숙 센터장이 그 남학생을 쳐다보자 자원봉사자 한 분이 눈치 채고 남학생을 소개한다.

"우리 아들이에요. 하늘중학교에 다니지요. 집에서 하도 뒹굴뒹굴하고 있기에 데려왔어요. 영수야 인사드려. 이곳 센터장님이시다."

영수는 쭈빗거리다가 마지못해 인사를 했다.

"안녕하세요. 최영수입니다."

센터장은 영수에게서 불만의 눈빛을 감지하고, 영수의 어깨를 어루만지며 이야기했다.

"대견하구나. 놀토에 이곳에 자원봉사 오는 학생은 거의 없는데, 하지만 영수는 김장하지 말고, 여기에 있는 중학생들하고 철학 수업을 듣는 게 낫겠구나. 너보다 어린 학생도 있으니 그 아이들과 잘 지내면 자원봉사 시간으로 인정해 줄게."

영수 엄마는 반색을 하면서 말했다.

"푸른꿈에서 철학 수업도 해요? 잘됐네. 공부도 하고 봉사 시간도 인정받고. 일거양득이잖아. 안 그러니 영수야?"

영수는 마지못해 대답하고 센터장을 따라 2층으로 올라갔다. 영수의 모습은 마치 도살장에 끌려가는 소 같았다. 학습실 문이 열리자, 공부하던 아이들이 모두 문을 향해 눈길을 돌렸다.

"열심히 공부하는구나. 오늘은 친구 한 명을 소개하려고. 하늘중학교에 다니는 영수야. 영수야, 들어와서 인사하렴."

영수는 고개를 숙이고 느릿느릿 들어와, 바닥을 내려다보며 인사했다.

"난 최영수야. 하늘중학교 3학년."

"어머, 영수야. 나야 나. 은희!"

영수는 '은희'라는 말을 듣고, 고개를 들었다. 같은 반 학생이었다. 게다가 영수가 은근히 마음에 두고 있던 여학생이었다. 영수는 은희를 의외에 장소에서 본 것이 놀라웠다. 반가운 마음이 앞섰으나,

그렇다고 해서 마음을 노골적으로 드러내고 싶지는 않았다.

“응, 은희 안녕.”

이 모습을 지켜본 센터장은 영수의 머리를 쓰다듬으며 말했다.

“은희랑 아는 사이구나. 잘 됐다. 이제 나는 김장하러 가 볼 테니, 잘 지내라.”

영수는 나가는 센터장을 향해 인사를 했다. 김바르는 영수를 은희 옆에 앉게 했다. 은희는 웃으며 영수에게 자리를 마련해 주었다. 김바르는 손을 부비며 말을 이었다.

“내가 어디까지 이야기해 줬지?”

“스피노자가 유대인 사회에서 쫓겨나는 이야기를 해 주셨어요.”

“그래, 맞다. 새로 온 영수는 약간 당황스럽겠지만 지금 우리는 스피노자라는 철학자에 대해 이야기하는 중이야. 조금만 참고 이야기를 들어 주기 바란다. 궁금한 것은 나중에 질문할 시간을 줄게.”

영수가 고개를 끄덕였다.

“그러니까 스피노자는 어릴 적 유대인 학교에서 신학을 공부했어. 그리고 예수회 소속 자유사상가인 ‘반 덴 엔덴’의 강의도 들었지. 전통적인 종교와 이성적인 철학을 함께 배운 셈이야. 스피노자는 이성적인 철학적 방법을 통해 전통적인 종교를 비판하고, 새로운 사상을 만들고 싶어 했어. 그런데 이러한 스피노자의 태도가 당대 유대인 사회에서는 용납되지 않았지. 그래서 1656년 유대교단으로부터 파문

당하게 된 거야."

은희가 손을 들고 김바르에게 말했다.

"선생님 '파문'이 정확히 무슨 말인지 모르겠어요."

"지적해 줘서 고마워. 파문은 경제적이고 종교적이고 정치적인 모든 관계를 강제로 끊는 것을 말해."

"그러면 완전히 쪽박 차는 거네요."

지우의 말에 김바르는 웃으며 대꾸했다.

"그런 셈이지."

"그럼 조용히 가족과 함께 살면 되겠네."

김바르는 손가락을 좌우로 저으며 지우에게 말했다.

"아니야. 그보다 더 심한 거야. 가족도 만나지 못하게 했지. 뿐만 아니라 유대인은 누구라도 그와 대화를 나눠도 안 되고, 그가 쓴 글을 봐도 안 되고, 그에게 도움을 줘서도 안 되도록 하는 거야."

은희가 고개를 저으며 말했다.

"말도 안 돼요. 억지로 가족과 헤어지게 했다는 거잖아요. 그런데도 스피노자 가족이 가만 있었어요?"

김바르는 고개를 끄덕였다.

"지금은 말도 안 되는 결정이지만, 당시의 유대인 사회는 그런 결정을 통해 유대인 사회를 유지하려고 했지."

은희가 물었다.

"그럼 자신의 잘못을 뉘우치면 파문에서 벗어날 수 있나요?"

"물론이지, 자신의 잘못을 뉘우치고, 그에 해당하는 벌을 받으면 시간이 지나 파문 명령이 정지되기도 했어."

"그럼 스피노자는 잘못을 뉘우쳤나요?"

김바르는 아이들을 돌아보며 되물었다.

"너희라면 어떻게 했겠니?"

한 아이가 말했다.

"당연히 잘못했다고 해야지요. 가족과 헤어질 수는 없잖아요."

"하지만 스피노자는 그렇게 하지 않았어. 오히려 자신에게 파문 명령을 내린 유대인 사회를 비판하면서 스스로 유대인 사회의 일원이 되는 것을 거부했지. 이러한 사실이 알려지자 광기에 사로잡힌 한 유대인이 스피노자를 칼로 찔러 암살하려고까지 했어. 결국 미수에 그치고 말았지만 말이야. 이후 스피노자는 칼자국이 난 외투를 간직하며 그때 일을 기억했다고 해."

지우가 엄지손가락을 치켜들며 말했다.

"대단한데요. 그래서 스피노자는 그 이후에 어떻게 됐어요?"

"스피노자는 유대 사회와는 거리를 유지하면서 자신의 이성적인 신념에 따라 자유로운 사상을 일구어 갔지. 지난번에 이야기한 것처럼 렌즈를 깎는 것으로 경제생활을 하면서 말이야. 그리고 그가 쓴 글은 당시 사회에 엄청난 논쟁거리가 되었지."

김바르의 이야기가 끝났다. 김바르는 아이들을 천천히 돌아보았다. 지우가 장난기 어린 표정으로 김바르에게 물었다.

"그래서 선생님은 안경점을 하고 계신 건가요? 스피노자처럼요."

"말하자면 길지만, 그런 셈이라고 해 두자. 하지만 스피노자는 안경점을 하지는 않았어. 렌즈를 깎았을 뿐이야. 당시 렌즈를 깎는 일은 아주 고도의 훈련이 필요한 전문적인 영역이었거든. 요즘이야 기계가 깎지만, 당시에는 일일이 손으로 깎아야 했지."

아이들은 웃으며 고개를 끄덕였다. 김바르는 웃는 아이들을 바라보며 물었다.

"그런데 너희 스피노자의 별명이 뭔지 아니?"

아이들은 렌즈 아저씨, 똑똑이, 쫓겨난 사람 등 이러저런 별명을 만들어 말했다.

"스피노자의 별명은 '신에 미친 사람'이야."

김바르의 말에 여태 말을 듣고만 있었던 영수가 물었다.

"신에 미친 사람이요? 왜요?"

영수는 엄마를 따라서 교회를 다니고 있었다.

"스피노자는 우리가 경험하고 생각하는 세상을 신의 모습이라고 보았거든."

"정말요? 말도 안 돼."

영수의 말에 김바르가 물었다.

"왜 말이 안 돼?"

"교회에서는 이 세상이 선과 악으로 나뉘져 있고, 예수를 믿는 사람만 천국에 갈 수 있다고 말하는데, 선생님 말대로라면 악한 세상도 신의 모습이라는 말이잖아요."

아이들은 영수의 말을 듣고, 김바르 쪽을 향해 고개를 돌렸다. 하지만 김바르는 영수의 말에 대해 왈가왈부하지 않았다. 김바르는 영수의 말에서 청소년 시절 자신의 모습을 보았다. 자신의 생각을 논리적으로 말하는 아이. 궁금증이 많은 아이. 김바르는 영수를 바라보며 씩 웃었다. 아이들은 웃음의 의미를 이해하지 못했다.

"신입으로 들어온 영수가 날카로운 지적을 했네. 그 이야기는 다음에 하기로 하자. 오늘은 여기서 수업 끝!"

아이들은 뭔가 일어나는 분위기였는데, 싱겁게 끝나자 '에이~' 하며 아쉬워했다. 허나 아쉬워하는 분위기도 잠시뿐, 수업이 끝나자 아이들은 부리나케 교실 밖으로 뛰어 나갔다. 역시 공부하는 것보다는 노는 것이 좋은 나이니까.

4.

일주일이 흘렀다. 영수는 푸른꿈으로 향했다. 지난주에 엄마 손에 이끌려서 강제로 갔던 그곳, 이제 그곳에 혼자 간다.

영수는 그곳으로 걸어가며 가슴이 쿵쿵 묵직하게 뛰고 있음을 느꼈다. 이제 그곳은 더 이상 낯선 곳이 아니라, 은희가 있는 곳이고, 뭔가 재미난 일이 일어날 것만 같은 곳이었다. 자신이 하고 싶은 말을 해도, 궁금한 것을 물어도 괜찮을 것만 같은 곳, 푸른꿈은 어느새 조금이라도 일찍 가고 싶은 곳이 되었다. 영수는 푸른꿈으로 들어가 2층 공부방으로 올라갔다.

"자 다들 모였구나. 오늘은 어떤 이야기를 해 줄까?"

은희는 영수가 지난주에 했던 질문을 환기시키면서 말했다.

"지난번에 영수가 한 말에 대해서 그냥 지나치셨는데, 그 이야기를 해 주면 안 되나요?"

"무슨 이야기?"

김바르는 일부러 시치미를 떼며 딴청을 피웠다.

"지난번 영수 이야기가 기억 안 나세요?"

들은 이야기를 노트에 메모하는 버릇이 있는 은희가 노트를 펼치며 묻는다.

"여기 있네요. 선생님이 이 세상 모두가 신의 모습이라고 하니까, 영수가 세상에는 선과 악이 있는데, 그러면 악도 신의 모습이냐고 물었잖아요."

김바르는 은희를 보며 대단하다는 표정으로 말했다.

"은희한테는 못 당하겠는걸. 언제 일일이 그런 것을 기록했니? 오케이. 좋아. 그런데 모든 학생이 좋아할 만한 주제가 아니라서 다른 아이들에게 물어봐야겠다. 오늘은 신에 대해서 이야기해 보려고 하는데 괜찮겠니?"

그러자, 지우가 퉁명스럽게 말한다.

"지루하지만 않다면요."

다른 아이들도 지우의 말에 동의하는 듯 보였다.

"좋아, 지루하면 소리를 크게 질러라. 그만 둘 테니. 알았지?"

"네."

아이들이 크게 소리를 지르자 김바르는 웃으며 말했다.

"아니 벌써 지루한 거야?"

아이들이 따라 웃었다.

"영수가 던진 질문은 워낙 예민한 문제니까, 아주 세심하게 다뤄야해. 마치 시한폭탄을 해체하듯이 말이야. 잘못 다루다가는 쾅! 하고 터지게 되니까."

아이들은 김바르가 과장되게 '쾅!' 소리를 내자, 깜짝 놀라는 척하면서도 웃음을 멈추지 않았다.

"우선 신에 대해서 정의를 내려 보자. '정의'라는 말에 무서워할 필요는 없어. 누구나 인정할 수 있는 표현을 만들어 보자는 거니까. 왜냐하면 정의를 잘못 내리면 처음부터 엉망진창이 되거든."

"벌써부터 지루해지려고 하는데요."

지우가 하품을 하는 척하며 말했다.

"미안 미안. 지우야. 삼각형의 정의가 어떻게 되지?"

"삼각형의 정의요?"

지우는 의아한 듯이 되물었다.

"그래, 삼각형의 정의."

"글쎄요. 세 변과 세 각으로 이루어진 도형인가요?"

지우의 자신 없는 목소리에 김바르는 박수를 치면서 아이들에게도 박수를 치라고 손짓했다. 아이들이 따라서 박수를 쳤다.

"지우가 수학을 좀 하는구나. 거기에 세 각의 합이 두 직각, 즉

180도라는 특성을 이야기하면 완벽한 정의가 되겠구나. 이렇게 말이야."

화이트보드에 삼각형을 그리고, 꼭짓점에 A B C라고 쓴 후, ∠A+∠B+∠C=180°라고 썼다. 김바르가 그린 삼각형을 보며 영수가 물었다.

"그런데 신에 대한 이야기하고 삼각형에 대한 이야기하고 무슨 관계가 있나요?"

"아주 좋은 질문이다. 좋은 질문에서 좋은 답변이 나오지. 하지만 조금만 참고 들으렴. 아주 재미난 결론에 도달할 테니까."

영수는 도대체 어떻게 재미난 이야기가 나올 수 있나 의아해 하면서 이야기를 듣기로 했다.

"자, 지우가 정의내린 삼각형이란 세 변과 세 각으로 이루어지고 내각의 합이 180도가 되는 도형이야. 이렇게 정의를 내리면 어떠한 삼각형이라도 이 정의와 일치한다는 것을 알게 될 거야. 왜 그럴까? 모든 삼각형은 예외 없이 이러한 속성을 가질 테니 말이야. 여기까지는 모두가 동의하니?"

"네."

"만약에 삼각형에 대하여 정의를 내린 것처럼, 신에 대해 정의를 내릴 수 있다면 어떨까? 만약에 우리가 그러한 정의에 완전히 동의할 수 있다면 신에 대한 쓸데없는 논쟁은 사라지지 않을까? 신에 대한 오해도 사라지고 말이야."

그러자 영수가 물었다.

"그럼 선생님은 삼각형을 기하학적으로 정의를 내리는 것처럼, 신도 그렇게 정의를 내리겠다는 거네요?"

"정확히는 내가 그렇게 하려고 한 것이 아니라, 철학자 스피노자가 그렇게 했지."

은희가 웃으며 말했다.

"다시 스피노자로 돌아왔네요. 선생님은 스피노자에 미친 사람인 것 같아요."

"스피노자는 신에 미쳤고, 나는 스피노자에 미쳤다는 말이네. 재미난 표현이군."

영수가 참지 못하고 끼어들며 이야기했다.

"그래서 스피노자는 신을 뭐라고 정의했는데요?"

김바르는 화이트보드의 삼각형을 지우며 말했다.

"내가 다 이야기해 주면 재미없지. 내 이야기는 여기까지로 하자. 너희가 신을 정의 내려 보면 어떨까? 이성적으로 누구나 동의할 수 있는 신의 정의 말이야."

"예를 들어, '신은 완전하다'와 같이 말인가요?"

은희가 손을 들며 이야기를 이었다. 김바르는 은희에게 엄지를 치켜들고 다른 아이들에게 물었다.

"은희가 내린 정의는 어떠니?"

지우가 대답했다.

"근사한 것 같은데요."

"다른 학생들은?"

아이들 은희의 정의에 동의하자 김바르가 물었다.

"다르게 정의를 내릴 사람?"

"신은 영원하다."

한 아이가 외치자 아이들이 그것도 근사한 정의라며 동의했다.

"좋아. 너희가 내린 정의에 따라 '신은 영원하고 완전한 존재다'라고 정의를 내려 보자. 여기에도 동의할 수 있지?"

아이들은 그렇다고 답했다. 김바르는 특별히 영수를 바라보며 물었다.

"영수도 이 정의에 동의할 수 있겠니?"

"당연하죠."

"쉽게 동의해서는 안 되는데. 왜냐하면 이 정의는 지난주에 네가 했던 이야기와는 다른 결론에 도달할 수 있거든."

"정말이요? 어떻게요?"

영수는 놀라며 되물었다.

"너희도 궁금하니?"

아이들은 시간 끌지 말고 이야기해 달라고 말했다. 김바르는 아이들을 사랑스럽게 바라보며 말을 이었다.

"우선 완전하다는 이야기부터 해 보자. 완전하다는 것은 아무 것도 부족하지 않다는 말이지? 뭔가 부족하면 우리는 불완전하다고 말하니까. 또한 부족하지 않기 때문에 아무것도 원하지 않을 거야. 뭔가를 원한다면 완전하지 않다는 이야기이니까. 또한 신이 하는 행위 역시 완전할 거야. 신이 한 행위가 불완전한 것이라면 그것은 신이 무능력하다는 말이 되고, 무능력하다면 그것은 신이 완전하다는 말과 모순되니까. 따라서 신은 무한한 능력의 소유자가 되겠지? 여기까지 이해가 되니?"

아이들은 그렇다고 이야기했다. 김바르는 말을 이었다.

"한편 영원하다는 말은 끝이 없다는 말이야. 다른 말로는 무한하다고 말하지. 무한하다는 말은 모든 것이 그 안에 포함된다는 말이기도 해. 다시 말해, 신 안에 포함되지 않은 것은 아무 것도 없다는 이야기가 되지.[4] 이 말도 동의할 수 있겠니?"

아이들은 신이 나서 그렇다고 말했다. 김바르는 잠시 뜸을 들이다가 말했다.

"그렇다면 너희가 동의한 것에 따라서 질문할 테니, 지금부터 하는 말을 잘 듣고 대답해 봐. 신이 만들어 놓은 세상이 신 안에 있을까, 신 밖에 있을까?"

"신 안에요."

"맞아. 신이 만들어 놓은 세상이 신 밖에 있다면 그것은 신이 무한하지 않다는 이야기가 될 테니까.[5] 그럼 신이 만든 세상이 완전할까 불완전할까?"

"완전해요."

"좋았어. 완전한 신이 불완전한 세상을 만들었다면 그것은 신이 무능하다는 이야기니까 말이 안 되겠지. 그렇다면 신이 만든 세상을 자연이라 말해 보자. 신이 만든 자연은 신의 모습을 완벽히 드러내고, 완전한 모습이라는 결론에 도달하네."

"그렇네요."

"그렇다면 신은 자신이 만든 세상을 자기 마음대로 바꿀 수 있을까, 없을까?"

"없어요."

"맞아. 이미 완벽하고 완전한 세상을 신 마음대로 바꾼다는 것은 말이 안 되지. 바꾼다는 것은 뭔가 불완전할 때 바꾸는 거니까. 또한 우리는 이 세상 속에서 신의 모습을 발견할 수 있겠네? 마치 거울을 보듯이 말이야."

"그렇겠네요."

아이들이 대답했다. 그러자 영수가 다시 물었다.

"지금 선생님이 하신 말씀과 지난주에 했던 제 이야기가 뭐가 다른 건데요?"

"영수야. 너무 서두르지 마. 지금 이야기해 줄 테니까. 자, 그렇다면 지난주에 영수가 했던 이야기를 떠올려 보자. 영수는 이 세상은 선과 악으로 나뉘어 있다고 말하면서, 선한 사람만 신의 세계에 갈 수 있다고 이야기했잖아. 그런데 지금까지 논리에 따라 말해 보자면 이 세상은 신의 완전성이 드러나는 모습이겠지? 그러면 영수가 이야기하는 선과 악도 신의 완전성 안에 있어야 할 거야. 만약에 신의 완전성 안에 악이 포함되어 있지 않다면 신은 뭔가 부족한 존재가 될 테니까. 그렇다면 다시 영수에게 물어 보자. 신은 악할까?"

영수는 할 말을 잃었다. 교회에 다니는 영수로서는 신이 악하다는 이야기는 할 수 없었다.

"잘 모르겠는데요."

영수가 마지못해 이렇게 답하자, 김바르는 이렇게 말했다.

"신의 정의 안에는 선과 악이 없어. 영원의 시선으로 보면 선과 악은 존재하지 않지. 예를 들어 사람을 죽이는 태풍은 악할까? 아니야. 그것은 자연법칙에 따라 일어나는 자연 현상일 뿐이지. 우리가 잘못한다고 해서 태풍이 오고, 잘한다고 태풍이 안 오는 것은 아니지."

영수가 되물었다.

"그러면 선과 악은 뭔가요?"

"선과 악은 신에게서 나온 개념이 아니라 사람이 사람의 관점에서 만들어 놓은 편견에 불과해.[6] 사람이 자신에게 좋으면 선이라고 하고, 나쁘면 악이라고 말하는 거지. 그렇게 세상을 자기 멋대로 판단하는 거야. 신의 관점에서는 그러한 판단을 하지 않겠지."

"그것은 기독교가 말하는 신의 정의와는 다른데요."

영수는 마지막 안간힘을 다해 항변했다. 그러자 김바르는 고개를 끄덕였다.

"영수의 말이 맞아. 기독교에서 말하는 신과는 완전히 다른 식의 생각이지. 기독교는 신이 이 세상에 있지 않고 저 너머의 영원한 세계에 살고 있고, 이 세계는 악이 넘치고, 그래서 사람들은 죄를 짓고, 그래서 신이 벌을 내리고, 자신을 숭배하는 사람한테는 축복을 내리는 것이 신이라고 가르치고 있어. 하지만 스피노자가 철학적으로 정의 내린 신은 그와는 아주 다른 신이었어. 신은 완전하고 영원하며, 그러한 신에 의해서 만들어진 세상 역시 신의 모습을 따라 만들어졌기에 선도 악도 없이 완전하고 영원해. 그러한 신의 세계를 이해할 수 있다면 우리도 또한 슬픔 없이 기쁨만을 누리는 삶을 살 수 있다고 생각했어."

그러자, 영수가 말했다.

"그럼 이단이네요. 기독교의 신을 부정하는 거잖아요."

"그래, 당시 기독교의 관점에서 보자면 스피노자는 이단이 분명하지. 바로 그러한 이유 때문에 스피노자는 유대 사회에서 파문당했을 뿐만 아니라, 그의 저서는 수많은 기독교인의 비판의 대상이 되었지. 하지만 스피노자의 사상은 당시 종교적인 편견에 사로잡혀 있던 사람들에게 새로운 신의 모습을 상상하고 탐구할 수 있는 영감을 주기도 했어."

김바르는 한숨을 쉬며 이야기를 마무리했다. 아이들은 영수와 김바르가 나눈 대화를 사뭇 진지하게 듣고 있었다.

"오늘 어려운 이야기를 나 혼자 너무 많이 이야기했구나. 다음번에는 이렇게 주로 혼자 떠드는 일은 하지 않을게."

김바르는 아이들을 둘러보며 쑥스러운 듯 웃었다.

영수는 김바르와 대화를 나누면서 자신이 김바르와의 논쟁에서 이긴 건지 진 건지 판단할 수가 없었다. 아니 이기고 지고의 문제가 아닌 것 같았다. 영수는 사실 교회에서 떠드는 대로만 이야기했을 뿐, 자신이 진짜로 그렇게 생각했던 말을 한 것이 아니었다. 영수는 차라리 김바르의 생각이 훨씬 좋다는 이상한 느낌마저 들었다. 교회에서는 만날 자신에게 죄인이라고 말하는데, 김바르는 그러한 이야기를 한 번도 하지 않고 신을 이야기해 줬다.

완전하고 영원한 신, 신의 모습을 한 선도 악도 아닌 세상, 그 세상을 이해하는 기쁨으로 살아가는 삶. 영수는 묘한 흥분에 사로잡혔다.

5.

영수는 김바르를 만난 후 생각이 많아졌다. 그냥 엄마 따라 간 교회에서 들은 이야기와 전혀 다른 이야기를 들었기 때문이기도 하지만, 김바르의 이야기에는 자신이 생각하지 못했던 묘한 매력이 있었다. 영수는 학교에서 단짝인 성찬이에게 김바르 이야기를 해 주었다. 성찬이는 콧방귀를 뀌면서 김바르를 궤변론자로 취급했다. 성찬이는 영수가 다니는 교회의 학생회장이기도 했다.

“그렇다면 네가 김바르를 만나서 이야기해 봐.”

“내가 왜 그런데 가서 시간을 낭비해. 학원에서 내 준 숙제만 하기에도 바쁘구먼.”

영수가 성찬이에게 말하자, 성찬이는 귀찮은 듯이 거절했다. 하지만 영수는 자기 혼자서 푸른꿈에 다니는 것보다는 성찬이와 함께 다니는 것이 훨씬 좋을 것 같았다. 누군가 자기 편 한 명쯤은 있어야 하니까. 그래서 영수는 성찬이를 다른 방법으로 꼬였다.

“푸른꿈에 가서 있는 시간을 자원봉사 시간으로 쳐 준대.”

“누가?”

“푸른꿈 센터장이.”

“정말? 봉사활동을 하지 않고 공부만 하는데?”

“우리보다 어린 아이들 하고 놀아 주면서 공부하면 돼. 다른 데서 봉사하는 것과 비교하면 거저먹기야.”

성찬이는 영수의 제안을 듣고, 뭔가 생각하는 듯 하더니 말했다.

“알았어. 이번 한 번만 같이 가 보고 내가 마음에 안 들면 더 이상 가지 않을 거야.”

영수는 성찬이를 껴안으며 “고맙다 성찬아. 너는 나의 진정한 친구야.” 하며 아부를 떨었다. 영수는 성찬이를 바라보며 속으로 생각했다.

‘우리 교회에서 가장 말발 좋은 성찬이를 데리고 가면 김바르도 힘들어질걸.’

드디어 다시 놀토. 영수는 성찬이를 일찍 만나 아이스크림을 사 주고 푸른꿈으로 향했다. 성찬이는 아이스크림을 먹으며, “그런데 푸른꿈에는 예쁜 애들 많아?” 하고 물었다. 영수는 건성으로 답했다. “응, 많아.”

영수는 은희의 모습이 떠오르자 얼굴이 살짝 붉어졌다.

"너 가서 맞지 않으면 죽는다."라는 성찬이의 농담 섞인 엄포도 듣는 둥 마는 둥 걸음을 재촉했다. 둘이 푸른꿈에 도착했을 때, 아이들은 센터 봉고차를 타고 있었다. 영수는 어리둥절했다. 공부는 안 하고 어디를 가나? 이는 따라간 성찬이도 마찬가지였다.

"응, 영수 왔구나. 얘는 누구니?"

"우리 반 친구 성찬이에요. 봉사활동하려고요."

영수는 서둘러 성찬이를 소개했다.

"그래 반갑다. 인사는 나중에 하기로 하고 빨리 차에 타라. 오늘은 텃밭 가는 날이니까."

성찬이가 인사를 하자, 김바르는 서둘러 어리둥절해하는 둘을 봉고차에 태웠다. 세수하러 왔다가 물만 먹고 간 토끼마냥, 토론하러 왔다가 일하러 가게 된 꼴이었다. 영수와 성찬이는 적잖이 당황했다. 그러나 어쩌랴, 이미 엎질러진 물인 것을.

텃밭은 푸른꿈에서 그리 멀리 않은 곳에 있었다. 텃밭에 도착하자, 아이들은 김바르 주위에 빙 둘러섰다. 김바르가 입을 열었다.

"오늘은 지난번에 뿌렸던 쌈 채소를 솎아 주는 날이야. 촘촘하게 자라는 쌈 채소 중에서 잘 자라는 것은 남겨 두고 나머지는 뽑아라. 한 5센티미터 간격으로 남겨 두면 된다. 그리고 남학생들은 지우와 함께 텃밭에 자란 잡초를 뽑고, 여학생 중 일부는 텃밭에 물을 충분히 뿌려 줘라."

아이들은 김바르의 작업 지시에 따라 삼삼오오 텃밭으로 들어갔다. 영수와 성찬이는 텃밭에 처음 오기도 했거니와 밭일은 처음이어서 어찌 할 바를 몰라 우물쭈물하며 서 있었다. 김바르는 그 둘을 데리고 텃밭으로 가서 쌈 채소 솎아 주기 시범을 보였다. 둘은 김바르를 따라 작업했다.

시간이 얼마 지나지 않아, 둘은 허리가 끊어질 듯이 아팠다. 주변을 둘러보았더니 다른 아이들은 아무렇지도 않은 듯 멀쩡하게 작업을 하고 있다. 한 시간쯤 지나서 작업이 끝났다. 김바르는 아이들을 다시 불러 모아서 텃밭 창고로 향했다. 김바르는 준비해 온 음료수와 김밥을 돌리며 말했다.

"오늘도 수고했다. 텃밭 가꾸기도 철학 수업의 연장이라고 생각하렴. 다른 아이들은 모르겠지만 오늘 처음 온 영수와 성찬이는 놀랐겠구나. 아참 얘들아. 영수가 데려온 아이다. 성찬아 인사하렴."

성찬이는 어색함을 감추고 아이들에게 인사했다.

"안녕 얘들아. 하늘 중학교에 다니는 김성찬이라고 해. 영수 따라서 철학 수업 한다기에 왔는데, 일만 해서 힘들었어. 어쨌든 잘 부탁한다."

성찬이가 인사하자 아이들은 박수를 쳐 줬다. 하지만 아직은 경계의 눈빛을 감추지 못하고 있었다.

"그래 성찬아 반갑다. 영수하고 같은 반이니까 은희도 잘 알겠네?"

김바르의 물음에 성찬이는 "네, 우리반 퀸카입니다." 하고 대답했다. 반대편에 앉은 은희는 웃으며 성찬이를 향해 가볍게 손을 흔들었다. 성찬이도 은희를 보며 손을 흔들어 보였다.

영수는 성찬이의 넉살이 참으로 부러웠다. 이 상황을 지켜보던 지우는 못마땅한 표정으로 성찬이를 쳐다봤다. 김바르는 이 묘한 분위기를 간파했다.

"그래 은희가 예쁘기는 예쁘지. 은희랑 사귀려면 경쟁이 치열하니까 번호표를 받아야 할 거야."

김바르가 농담하자 성찬이는 "저는 여자 친구 있는데요." 하고 김바르에게 대꾸했다.

"다행이다. 난 또 한 놈 나타났나 싶었다."

아이들이 웃었다. 지우의 표정도 살짝 풀렸다.

"자 오랜만에 텃밭에 와서 일하니까 어떠니? 서로 돌아가며 소감 나누기를 해 보자."

김바르가 제안했다. 아이들은 돌아가며 소감을 말했다. 마지막으로 은희 차례가 왔다. 시선이 모두 은희에게 모였다.

"나는 지난 시간에 선생님이 말한 이 세상은 신의 완전하고 영원한 모습이라는 말을 생각해 봤어요. 과연 그럴까요? 오늘 우리가 슈은 채소는 더 이상 살 수 없는 거잖아요. 그렇게 생각해 보면, 우리는 언젠가는 죽을 수밖에 없는 운명이고요. 이게 과연 완전하고 영원한 모습일까요?"

은희가 조숙한 질문을 하자, 아이들의 시선은 다시 김바르에게 쏠렸다. 김바르는 은희를 그윽한 눈빛으로 쳐다보다가 아이들을 둘러보며 말했다.

"그래 은희가 정곡을 찔렀구나. 채소나 우리는 영원히 살 수 없지. 채소는 뽑혀서 우리의 반찬이 되고, 우리도 언젠가는 죽어서 땅에 묻히거나 한 줌 재로 사라져 버릴 테니까. 비단 우리만 그럴까? 하늘에 떠 있는 저 구름도 벌써 형체를 바꾸며 사라져 갈 것이고, 선선히 부는 바람도 스치고 지나가면서 사라져 버리겠지. 이 세상 만물은 하나하나 따지고 보면 모두 사라져 버릴 존재야. 그렇게만 느낀다면 이 세상은 기쁨이 아니라 슬픔이 가득 찬 세상이라 말할 수 있겠구나."

아이들은 김바르의 진지한 말에 갑자기 숙연해졌다. 김바르와 논쟁하러 온 성찬이도 김바르 말에 어느새 감염되어 아무 말도 하지 못하고 듣고만 있었다.

"하지만 얘들아, 채소의 죽음 덕분에 우리는 반찬을 얻어서 삶을 지속하고, 구름이 사라지는 덕분에 하늘의 햇빛이 채소에게 영양분을 주고, 나무 덕분에 공기를 마실 수 있고, 바람 덕분에 시원하고, 물 덕분에 갈증을 풀 수 있어. 이 세상 만물은 이렇게 얽히고설켜 연결되어 있단다. 각각의 개체는 사라지는 것 같지만 결코 사라지지 않고 자신의 모습을 바꾸며 서로 돕고 있는 거야. 각각의 시선에 사로잡히면 슬픔이 생기지만, 우주 전체를 생각해 보면 모두가 모두를 살리면서 기쁨의 세상을 만들어 가고 있잖아. 그렇게 세상은 영원한 거야. 혹시 이게 신의 모습이 아닐까?"[7]

아이들은 말없이 김바르의 이야기를 경청했다. 김바르는 아이들을 바라보며, 말을 이어갔다.

"그러니까 우리 모두는, 우리뿐만 아니라 이 세상 만물은 신의 영원성 안에 있는 한 조각 퍼즐 같은 존재이지. 조각 하나하나는 보잘 것 없고 영원하지 않은 것 같지만, 그 조각이 없으면 결코 퍼즐이 완전하게 맞춰지지 않는 것처럼, 우리는 신의 영원함에 동참하는 소중한 조각들이야. 그래서 우리 중 어느 하나가 빠지면 신의 완전함은 결코 완성될 수 없어."

김바르의 말은 영수의 가슴을 뛰게 만들었다. 까불이 달변가 성찬이도 김바르의 말에 토를 달지 않고 듣기만 했다. 아이들도 모두 생각에 깊이 잠겨 있었다. 자신의 생각에 빠져 있던 김바르는 아이들의 표정을 보면서 서둘러 화제를 돌렸다.

"아이고, 오늘도 내가 말이 많았네. 얘들아 미안. 김밥 식겠다. 어서 먹어라."

그제야 지우가 말했다.

"김밥은 원래 식어 있었거든요."

지우의 말에 조용하던 분위기가 갑자기 바뀌면서 아이들의 얼굴에서 웃음이 터져 나왔다.

성찬이와 영수가 집으로 돌아가는 길.

"도대체 누가 예쁘다는 거야? 너 죽을래?"

성찬이는 영수에게 주먹을 쥐어 보였다. 영수는 성찬에게 미안한 표정을 지으며 물었다.

"미안. 그래서 앞으로 푸른꿈에 같이 안 갈 거니?"

성찬이는 영수를 물끄러미 보며 생각을 하는 척하다가 말했다.

"아니 계속 가려고. 의외로 재밌네. 자극도 되고. 게다가 봉사 점수도 받으니까."

영수는 성찬의 말을 듣고 '휴'하고 안도의 한숨을 쉬었다. '역시 너는 나의 절친이야.' 하고 생각하며 성찬이를 보고 활짝 웃었다.

성찬이와 헤어지고 집으로 돌아오는 길에 영수는 텃밭에서 김바르가 한 말을 떠올렸다. 우리는 신의 영원성 안에 있는 작은 퍼즐 조각이다! 비록 보잘 것 없어 보이지만 그 조각 하나라도 없으면 신의 완전성은 결코 완성될 수 없다! 한 시인이 "모래 한 알에서 우주를 본다"고 말했을 때의 깨달음이 바로 그러한 것일까? 영수는 순간 자신의 모습에서 신의 모습을 발견할 수 있을 것만 같았다.

[3] 『에티카』 1부 정리 15

[4] "존재하는 모든 것은 신 안에 있으며, 신 없이는 아무 것도 존재할 수도 또 파악될 수도 없다." – 『에티카』 1부 정리 15

[5] "신은 모든 것의 내재적 원인이지 초월적 원인은 아니다." – 『에티카』 1부 정리 18

[6] "선과 악은 기쁨과 슬픔일 뿐이며 기쁨과 슬픔은 다른 무엇이 아닌 인간의 감정이므로 사물 그 자체, 자연 그 자체에는 선도 악도 존재하지 않는다. 그러므로 자유로운 인간은 선의 개념도 악의 개념도 형성하지 않는다." – 『에티카』 4부 정의 68 증명

[7] 사물의 본성에는 어떤 것도 우연적으로 주어진 것이 없으며, 모든 것은 일정한 방식으로 존재하고 작용하게끔 신적 본성의 필연성에 의해 결정되어 있다. 존재하는 모든 것은 신 안에 존재한다. 그러나 신은 우연한 것이라고 할 수 없다. 왜냐하면 신은 우연적으로 존재하는 것이 아니라 필연적으로 존재하기 때문이다. – 『에티카』 1부 정리 29

2

인간

1.

금요일 저녁. 오랜만에 영수네 집에서 가족 식사가 있는 날이었다. 영수는 학원 다니느라 바쁘고, 출판사에 다니는 자칭 자유 민주주의자 영수 아빠는 직장 일이 바빠서 가족 식사 한번 하는 데에도 많은 노력이 필요했다. 영수 엄마는 특별히 소불고기를 준비했다. 오랜만에 식탁에 둘러앉으니, 할 말이 넘쳐 났다. 특히 영수 아빠와 영수 사이에서.

"영수는 요즘 어떻게 지내니? 한 가족이지만 이야기할 시간도 별로 없었구나. 하지만 내 맘 알지?"

"그냥 그래요. 학교에 갔다가 학원에 가고, 집에 오고 매일 반복되는 삶이지요. 아빠도 청소년 시절을 저랑 비슷하게 보내셨어요?"

"내가 중학교 다닐 때는 학원이 많지 않았으니까, 너보다는 여유로웠던 것 같다."

"네? 학원이 많지 않았다고요? 그럼 이 지긋지긋한 학원은 누가 만든 거예요?"

"그야 학원장이 만들었겠지."

영수 아빠의 썰렁한 유머감각은 여전했다. 영수가 아빠에게 신(神)에 대해서 어떻게 생각하냐고 묻는다면, 십중팔구 신은 나이키나 프로스펙스가 최고라고 썰렁한 대답을 할 것이 분명했다. 그래도 영수는 그런 아빠가 밉지 않았다. 영수더러 공부해라, 학원 가라, 뭐해라 하며 잔소리를 엄마처럼 늘어놓지 않기 때문이었다. 영수 아빠도 자신의 썰렁함을 의식했는지 머쓱하게 물었다.

"내가 너무 성의 없이 대답했나? 영수는 그럼 요즘 책도 못 읽겠네?"

영수도 아빠 유머를 흉내 내어 대답했다.

"아니요. 책을 너무 많이 읽어서 걱정이에요. 교과서, 참고서, 문제집. 뭔 놈의 책을 이렇게 많이 읽어야 하는지 머리 아파 죽겠어요."

식탁을 차리며 부자지간의 대화를 듣던 영수 엄마가 어이없다는 듯 웃으며 끼어들었다.

"두 분이 아주 죽이 잘 맞는구려. 오랜만에 만났으니까 뭔가 좀 생산적인 대화를 해야지. 말도 안 되는 이야기나 하지 말고. 영수야, 너 아빠한테 푸른꿈에 다니는 이야기 좀 해 봐."

영수 아빠는 영수가 엄마 손에 끌려 푸른꿈에 다니는 사실은 알고 있었다. 하지만 어떻게 지내는지는 몰랐다. 영수가 입을 열었다.

"재밌어요. 철학 수업 시간에 서로 이야기를 나누면서 많은 생각을 하게 돼요. 텃밭에 나가 밭일하는 건 좀 귀찮지만."

"영수가 밭일을? 무슨 밭일?"

"쌈 채소 가꾸는 일이요."

"대단한데. 영수가 농사를 다 짓고. 그리고 철학 수업 시간에는 뭘 배우는데?"

"신이란 뭔가, 세상이란 뭔가, 뭐 이런 거 토론하고 배워요."

"우와! 이제 중3 밖에 안 되는 영수한테 너무 어려운 주제 아닌가?"

"대화식으로 하니까 그리 어렵지 않던데요. 그런데 아빠, 아빠는 스피노자 아세요?"

영수는 고개를 으쓱하며 물었다.

"스피노자? 철학자 스피노자 말이니? 많이 알지는 못하지만 대학 시절에 『에티카』를 읽은 기억은 나네. 하도 어려워서 다 읽지는 못했던 것 같은데. 아빠 책장에 아마 지금도 그 책이 있을걸. 왜, 궁금하니?"

아빠는 영수를 대견하다는 듯이 바라봤다.

영수는 아빠가 스피노자의 책을 읽었다는 사실이 놀라웠다. 출판사에 다니지만 좀처럼 책 읽는 모습을 볼 수가 없었기 때문이다.

“조금 궁금해졌어요. 어떤 사람인가 하고요.”

영수 아빠는 식탁에서 일어나 서재로 향했다. 한참을 찾더니 낡은 책 한 권을 꺼내왔다.

“여기 있구나. 스피노자의 『에티카』. 한번 읽어 볼래?”

영수는 아빠가 건네는 책을 받아 펼쳐 보았다. 퀴퀴한 곰팡이 냄새가 났다. 영수 엄마는 책은 나중에 읽고 식사부터 하자며 자리에 앉았다.

식사가 끝나자, 영수는 『에티카』를 손에 들고 방으로 들어갔다. 책상에 앉아서 호흡을 가다듬었다. 김바르와 대결하려면 김바르의 무기를 알아야 한다고 생각했다. 드디어 아빠에게서 김바르와 대적할 무기를 입수한 것이다. 영수는 기대감에 넘쳐 책을 펼쳤다. 대충 눈에 들어오는 구절을 읽어 보았다. 무슨 소리인지 알 수 없었다. 좀 더 집중해서 책을 읽어 보았다. 머리가 어지러웠다. 영수는 책을 급히 덮고 한숨을 쉬었다. 자신이 다룰 수 있는 무기가 아니었다.

다음날 아침 성찬이와 만나 푸른꿈으로 향하는 영수의 발걸음이 무거웠다. 전날 스피노자의 『에티카』에 도전해 보았으나 1라운드도 가지 못하고 KO패를 당한 기억이 새삼 떠올랐다. 성찬이는 영수의 마음을 아는지 모르는지, 연신 오늘은 김바르의 코를 납작하게 만들 거라며 호언장담했다. 영수는 성찬이를 바라보며 생각했다.

'쉽지 않을 거다. 네 코나 조심해라.'

평소에는 성찬이의 넉살과 장광설이 퍽 부러웠으나, 철학 수업 시간에 그게 통하지 않을 것 같은 불안감이 몰려왔다. 푸른꿈 간판이 눈에 들어왔다.

"어서 오너라. 일주일 동안 공부하느라 힘들었을 텐데, 토요일 철학 수업을 듣는 너희가 자랑스럽구나. 오늘은 무슨 이야기를 할까?"

참석한 아이들은 저마다 재미난 이야기 해 주세요, 연애 이야기 해 주세요, 학창 시절 이야기 해 주세요, 하면서 시끄럽게 떠들었다. 어떤 아이가 그냥 놀자고 말하자, 다른 아이들도 그게 좋겠다며 맞장구를 쳤다. 그때 영수가 손을 들었다. 김바르는 영수를 쳐다봤다.

"선생님, 스피노자는 왜 이렇게 어려워요?"

영수의 뜬금없는 질문에 아이들도 영수를 바라봤다.

"영수가 스피노자를 읽어 본 모양이구나. 대단한 걸. 무슨 책을 읽었니?"

김바르는 웃으며 물었다. 영수는 자신 없는 목소리로 "『에티카』요." 하고 답했다.

김바르는 눈을 동그랗게 뜨며 영수를 바라봤다.

"호오~ 영수가 『에티카』를? 그래 느낌이 어땠니?"

"느낌은 무슨 느낌이요. 처음부터 도무지 무슨 말인지 하나도 알 수 없어서 포기했어요. 굳이 말하라면 좌절감이라고나 할까."

영수가 풀이 죽어 이야기했다. 김바르는 영수의 느낌이 어떤 느낌인지 알 수 있었다. 김바르는 고3 때 그 책을 처음 읽으며 좌절감을 맛봤으니까, 이제 중3인 영수야 오죽하랴. 김바르가 아무 말이 없자, 영수가 물었다.

"그런데 선생님은 왜 스피노자를 좋아하세요?"

아이들의 시선이 김바르에게 꽂혔다. 김바르는 일어나 화이트보드에 크게 '에티카'라고 썼다. 그리고 그 밑에 'Ethica'라고 알파벳으로 썼다. 그리고 입을 열었다.

"스피노자가 쓴 『에티카』는 라틴어야. 우리말로 바꾸면 '윤리학'이라고 번역할 수 있어. 영수가 『에티카』를 읽고 좌절한 것은 어쩌면 당연한 거야. 선생님은 고3 때 이 책을 처음 접하고 좌절했으니까."

영수는 아빠가 대학 시절에 읽다가 포기했다는 이야기가 떠올랐다. 철학 선생인 김바르도 고3 때 읽고 좌절감을 느꼈다고 말하는 것을 듣고 다행이라고 생각했다. 적어도 현재의 영수가 멍청한 놈은 아니라는 증거이기도 하니까.

"『에티카』가 어려운 이유는 기하학적 방식으로 신과 인간과 사회를 증명하려 했기 때문이야. 너희가 수학 시간에 증명하는 것을 배울 때의 어려움을 생각하면 되겠구나. 스피노자는 누구도 부정할 수 없는 정의, 공리, 정리, 증명 등의 형식을 통해 모든 것을 설명하고 싶어 했지. 우리가 쓰는 일상적인 언어의 방식과는 다른 방식을 채택했던 거야. 그래서 처음 읽을 때는 낯선 세상을 만난 것처럼 어리둥절하고 당황스럽고 어려운 것이 당연하지."

영수는 김바르의 말을 들으며, 자신이 왜 그 책을 어려워했는지 이해할 수 있었다. 영수가 제일 싫어하는 과목 중 하나가 수학이었다.

"그렇지만 우리가 지난 시간에 '신은 완전하고 영원하다'는 명제로 수많은 이야기를 펼치면서 우리가 평소에 생각하고 있던 것들의 문제점을 파악했듯이, 스피노자의 논리적 방식에 익숙해지면 그의 철학은 우리에게 강력한 무기가 될 수 있어. 우리의 편견과 무지에서 벗어나는 강력한 무기 말이야."

아이들은 김바르와 신에 대해서 이야기했던 시간을 떠올리며 고개를 끄덕였다. 영수도 그때 느꼈던 감격이 되살아났다. '그렇다면 우리가 지난 시간에 토론했던 방식이 바로 스피노자의 방식이었단 말이야?' 하고 영수는 생각했다. 공부방 안이 조용했다. 김바르는 갑자기 짝! 하고 박수를 크게 쳤다. 아이들이 깜짝 놀라며 김바르를 쳐다봤다. 김바르는 활짝 웃으며 이야기했다.

"하지만 선생님이 스피노자를 좋아하는 것은 스피노자의 기하학적 설명 방식 때문이 아니야. 사실 그보다 더 놀라운 게 있지. 너희도 들으면 엄청 놀랄 걸?"

김바르는 아이들에게 미끼를 던졌다. 아이들은 주저하지 않고 미끼를 덥석 물었다. 아이들이 어서 이야기해 달라고 성화를 부렸다.

"스피노자는 당시 사람들이 생각하는 인간과는 완전히 다르게 인간을 이해했어. 스피노자는 인간을 욕망하는 존재[8]로 본 거야. 놀랍지 않니, 종교가 지배하는 세상에서 욕망하는 인간을 보았다는 게?"

아이들은 김바르의 입에서 '욕망'이라는 단어가 나오자, '우와' 하고 반응했다.

"다른 철학자나 신학자가 인간을 추상적으로 파악하려고 할 때 스피노자는 인간을 살아 있는 인간 그 자체로 파악하려고 했어. 그래서 스피노자의 책 안에는 웃고, 울고, 사랑하고, 화내고, 좌절하고, 희망하고, 시기하고, 질투하고, 명예심에 사로잡히고, 남을 지배하려 하고, 기뻐하고, 슬퍼하는 인간의 모습이 잘 드러나 있어. 그리고 그러한 감정이나 정서가 왜 인간에게 나타나는지, 그러한 감정을 어떻게 봐야 하는지, 가장 행복한 삶을 위해서는 무엇을 추구해야 하는지 세심하게 다루고 있지. 그게 바로 스피노자 철학의 진정한 매력이야."

김바르의 설명을 듣자, 영수는 왜 김바르가 스피노자를 좋아하는지 어렴풋이 짐작할 수 있었다. 그리고 『에티카』라는 책 속에 그러한 내용이 담겨 있다는 것을 알게 되자, 그 책이 멀게만 느껴지지 않았다. 김바르는 아이들을 바라보며 말했다.

"오늘은 영수 덕분에 선생님이 제일 좋아하는 책인 『에티카』를 너희에게 소개할 수 있게 됐네. 너희가 읽기에는 어렵겠지만, 나와 철학공부를 하다보면 『에티카』의 내용이 그렇게 어렵게만 느껴지지는 않을 거야. 흥미가 느껴지는 사람은 『에티카』에 도전해 보도록. 하지만 기억해야 해. 모든 귀한 것은 드물고 어려운 법이야.[9]

재미난 우화 하나 이야기해 주고 수업을 마치도록 하자. 험준한 산 너머에 절이 하나 있었어. 사람들이 그 절에 가려면 그 험한 산을 넘어야 했어. 등산가들도 고개를 절레절레 흔들게 만드는 산이었지. 그런데 어느 날 한 노승이 그 절에 찾아온 거야. 그래서 절에 있던 스님들이 놀라며 물었지. 어떻게 이곳에 올 수 있었느냐고. 그때 노스님은 이렇게 대답했지. '한 걸음 한 걸음 걸어서 왔네.' 이 우화가 뭘 뜻하는지 알겠지? 자 오늘 수업 끝."

2.

영수가 수업을 마치고 집에 들어오자 영수 엄마는 영수가 좋아하는 떡볶이를 준비해 놓고 기다리고 있었다. 영수 엄마는 기분이 좋을 때 떡볶이를 만들어 준다.

"엄마 오늘은 기분이 좋으시네요."

"그래 기분이 좋다. 너희 아빠가 내가 한 일에 대해서 칭찬한 게 참 오랜만이어서 말이야."

"아빠는 무조건 엄마 편이 아니었던가요?"

"겉으로야 그렇지만, 내가 한 일에 대해 못마땅하게 생각하는 것도 많았거든. 그런데 너를 푸른꿈에 보낸 것은 아주 좋아하더라."

"그래요? 왜요?"

"네가 건강하고 진지해진 것 같다고. 나도 그렇게 생각해. 오늘은 뭘 공부했니?"

영수는 떡볶이를 먹으면서 아무렇지도 않게 이야기했다.

"욕망이요."

영수 엄마는 깜짝 놀라며 의심스런 표정으로 말했다.

"아이고 망측해라. 중학생한테 무슨 욕망을 가르쳐. 그 선생 참으로 이상한 사람이구나."

"아니 엄마가 생각하는 망측한 욕망이 아니고요. 스피노자가 이야기하는 욕망이에요."

"아이고 그놈의 스피노자 때문에 우리 아들이 이상해지지 않았으면 좋겠다."

영수는 넉살 좋게 웃으며 말했다.

"걱정하지 마세요. 제가 누구 아들인데요."

영수는 떡볶이를 먹고 방으로 들어왔다. 책상에 앉아 컴퓨터를 켰지만 모니터가 눈에 들어오지 않았다. 영수는 욕망하는 인간에 대하여 생각해 보았다. 인간은 얼마나 많이 욕망하고 사는가? 당장 자신만 해도 공부를 좀 더 잘하고 싶고, 예쁜 여자 친구도 사귀고 싶고, 몸도 멋지게 만들고 싶다는 생각을 했다. 다른 사람들도 결국 욕망하며 살고 있다고 생각했다. 좋은 대학에 합격하고 싶고, 좋은 직장을 구하고 싶고, 월급을 많이 받고 싶고, 좋은 집에 살고 싶고, 멋진 차를 몰고 싶고, 뭐뭐 하고 싶고, 싶고, 싶은 것의 연속이 인간이 아닐까. 문제는 우리가 욕망하는 것이 있다는 게 아니라, 그 욕망을 어떻게 실현시키느냐에 있다. 스피노자가 그 답을 찾았을까 점점 궁금해졌다.

영수는 다음날 교회 마당에서 성찬이를 발견했다. 성찬이는 여학생에 둘러싸여 이야기를 하고 있었다. 성찬이의 넉살과 말솜씨라면 충분히 여학생이 좋아할 것이라고 생각했다. 하지만 빛 좋은 개살구라고나 할까. 여학생들은 성찬이를 자연스럽게 대하다가도, 막상 성찬이가 사귀자고 하면 여친이 되려는 아이는 없었다. 참 불가사의한 일이었다. 성찬이도 왜 그런지 이유를 알지 못했다. 그러면서도 남들에게는 굳이 자신은 여친이 있다며 우겼다.

“성찬아.”

“응, 영수 왔구나.”

“어제 왜 한마디도 안 했어. 김바르 쌤과 논쟁을 벌이겠다고 단단히 벼르더니.”

“내가 이야기할 시간을 줘야 말하지. 그리고 어제 이야기는 내가 처음 듣는 이야기라서 논쟁을 벌이고 말고 할 게 없었어.”

“나는 잔뜩 기대했었는데.”

“조금만 기다려 봐. 이 형님이 김바르 쌤의 코를 납작하게 해 놓을 테니. 그나저나 어제는 너의 활약이 돋보이던데. 그 뭐냐 에티칸가 에가탄가는 언제 읽었어?”

"아니 읽은 게 아니라 구경한 거야."

"뭐가 됐든 어제의 주인공은 내가 아니라 너였어. 은희가 감탄하는 눈치로 너를 쳐다보던데?"

"정말? 은희가?"

"그래. 그런데 너 왜 은희 이야기만 나오면 흥분하냐? 너 설마 은희 좋아하냐?"

"뭐 좋아한다기보다는……."

"이 새끼, 속일 사람을 속여라. 내가 이래봬도 연애 박사 아니냐. 척 보면 알지. 그나저나 너 조심해라. 은희를 좋아하는 애가 너 말고 또 있는 것 같던데. 은희 옆에 앉은 체격 다부지고 좀 무섭게 생긴 애 있잖아."

영수는 어제 현장을 떠올려보았다. 지우다.

"지우 말이야?"

"걔 이름이 지우였냐? 어쨌든 조심해라. 걔 싸움 잘하게 생겼더라. 어쨌든 축하한다. 우리 영수도 이제 연애를 다 해 보네."

영수는 부정도 긍정도 하지 않는 묘한 웃음을 흘렸다. 둘이는 어깨동무를 하고 교회에 들어갔다. 영수는 예배 시간 내내 은희를 생각했다. 교회 예배 시간이 길게만 느껴졌다.

어느새 일주일이 지나고 다시 푸른꿈 가는 날. 영수는 아침부터 이

옷저옷 꺼내 입어 보며 거울에 자신을 비춰 봤다. 평소에는 운동복 차림으로 돌아다니던 영수가 옷을 말끔하게 차려입고 나오자, 영수 엄마가 영수를 보며 한마디 했다.

"어디 맞선 보러 가니?"

영수는 괜히 머쓱해져서 "맞선은 내가 나이가 몇 갠데. 푸른꿈에 다녀올게요." 했다. 그러자 영수 엄마는 씩 웃으며, "처음에 가자고 할 때는 도살장에 끌려가는 소 마냥 싫어하더니, 웬일이냐? 해가 서쪽에서 뜨겠네." 하고 영수를 놀렸다. 영수는 얼굴이 벌개져서 대꾸도 하지 않고 집을 나왔다. 나오니 날씨가 좋았다. 영수는 춤을 추듯 걸어 푸른꿈에 도착했다.

"오늘은 지난 시간에 이어 욕망의 문제를 한번 이야기해 보자."

영수가 손을 들었다. 김바르가 영수를 쳐다봤다.

"제가 생각해 봤는데요. 인간은 누구나 욕망을 가질 수밖에 없는 것 같아요. 하지만 그러한 욕망을 다 표출하고 사는 것이 바람직한 걸까요? 오히려 욕망은 절제해야 하는 것 아닐까요?"

영수의 말을 성찬이가 거들었다.

"맞아요. 학교나 교회에서도 절제하는 삶을 살라고 하잖아요. 저도 욕망에 대해서는 부정적이에요."

아이들도 고개를 끄덕이고 있었다.

"그래 전통적이고 상식적으로는 인간은 욕망을 절제하며 살라고 말하지. 하지만 스피노자는 욕망을 다르게 봤어."

"어떻게요?"

"인간의 본질 자체로 보았지. 본질은 팥빵의 팥과 같은 거야. 그것이 없으면 팥빵이 될 수 없지. 따라서 인간은 욕망 그 자체라고 말할 수 있어. 인간에게 욕망이 없다면 인간은 어떠한 행동도 결정도 할 수 없고 삶도 살아갈 수 없다는 거야. 욕망은 절제하고 부정해야 할 것이 아니라 확장하고 긍정해야 할 것이지."

이 말을 듣고 은희가 물었다.

"하지만 우리는 이성이나 도덕과 같은 것으로 욕망을 다스리잖아요. 착하게 살아라, 바르게 살아라 라는 이야기를 들으면서요. 그럼 스피노자는 내 멋대로 살라고 말하는 건가요?"

"아니야. 모든 것이 욕망이라는 것을 이해하라는 거야. 진리를 알고자 하는 욕망, 바르게 살고자 하는 욕망, 잘 살고 싶은 욕망으로 말이야. 만약에 인간에게 욕망이 없다면 진리니 이성이니 하는 것은 아무런 의미도 없어. 그런 의미에서 스피노자의 윤리학은 '욕망의 윤리학'이지."

성찬이가 끼어들었다.

"그러니까 우리가 상상하고 행동하는 모든 것이 욕망이라는 말이죠. 그럼 우리는 욕망 덩어리네요."

김바르는 웃으며 말했다.

“성찬이의 말이 재밌는 걸. 욕망 덩어리라……. 그렇게도 말할 수 있겠구나. 만약에 신이라면 아무것도 바라지 않고 다른 어떤 것도 필요로 하지 않는 완전하고 영원한 존재로 남겠지만, 인간은 아주 많은 것을 원하지. 그래서 인간은 자연 속의 다른 존재에 의존하며 살아갈 수밖에 없어. 욕망은 그러한 것들을 실현할 수 있는 인간의 능력이야. 우리는 우리와 다른 무엇이 되기 위해 욕망하는 것이 아니라 바로 우리 자신이 되기 위해 욕망하지. 그 욕망이 실현될 때 우리의 능력은 증가하고 기쁨을 누릴 수 있어. 한편 그 욕망이 좌절될 때 우리의 능력은 감소하고 슬픔에 빠져들지. 스피노자가 바라는 세상은 우리가 바로 우리 자신을 실현하기 위해서 자신의 능력을 키우며 기쁜 삶을 누리는 것이었어. 그래서 스피노자의 윤리학을 ‘기쁨의 윤리학’이라고도 해.”

영수가 물었다.

“그러면 그 능력을 키우기 위해서 우리는 무엇을 해야 하나요?”

김바르는 영수를 바라보며 말했다.

“영수가 아주 좋은 질문을 했구나. 스피노자는 신의 무한한 속성 중에서 인간은 연장과 사유라는 속성을 가지고 있다고 보았지. 쉽게 말해 신체와 정신이야. 따라서 인간은 신체의 능력과 정신의 능력을 키워야 해. 신체는 다양한 상황과 조건에 맞추어 자신을 변화시킬 수 있도록 노력해야 하고, 정신은 감정에 휘둘리거나 편견에 사로잡히지 않고 사물을 온전히 이해할 수 있도록 노력해야 하지. 여기서 주의할 점은 육체와 정신이 별개의 것이 아니라는 거야.[10] 마치 동전의 양면처럼 말이야. 예를 들어, 등산을 하려면 강한 정신력뿐만 아니라 강한 신체도 필요하잖아. 정신의 변화에 따라 신체도 변하고, 신체의 변화에 따라 정신도 변하지.[11] 스피노자 이전의 철학자들은 신체를 무시하고 정신을 강조했지. 하지만 스피노자는 정신에 대해서 뿐만 아니라 신체에 대해서도 긍정했어."[12]

성찬이가 말했다.

"스피노자는 참 별종이네요. 다른 철학자와는 아주 다르게 생각하잖아요."

김바르는 깜짝 놀라며 대답했다.

"성찬이는 오늘 여러 번 나를 놀라게 하는구나. 현대 철학자 중에서 안토니오 네그리(Antonio Negri)라는 철학자는 스피노자를 일컬어 '야만적 별종'이라고 했거든. 설마 네가 네그리를 읽은 것은 아니지?"

영수는 웃으며 말했다.

"교과서도 안 읽는 애가 철학책을요? 선생님 우리를 너무 과대평가하시는 거 아니에요? 소가 뒷걸음치다가 쥐 밟은 거지요."

아이들은 영수의 이야기에 모두 웃음을 터뜨렸다. 김바르도 따라 웃었다.

3.

김바르는 아이들과 스피노자에 대해 이야기를 할 수 있다는 것 자체가 무척이나 흥미로웠다. 요즘 아이들의 관심은 외모와 공부, 그리고 놀이였다. 아이들의 대화에서 신이라든지, 인간이라든지, 욕망이라든지 하는 추상적 주제가 사라진 지 오래다. 그런데 푸른꿈에 참석하는 아이들과 자연스럽게 그런 주제에 대해 이야기하게 되다니.

김바르는 처음에는 부담스러웠지만, 시간이 지날수록 푸른꿈에 가는 날을 손꼽아 기다리게 되었다. 삶의 작은 변화가 자신에게 이토록 큰 의미로 다가오다니, 김바르는 스승인 박선환에게 감사했다.

아이들이 푸른꿈에 모였다. 김바르는 피자를 시켜 놓고 기다렸다. 아이들은 교실에 들어오자 잔뜩 차려진 피자와 음료를 보고 박수를 치며 좋아했다.

"어서 와라. 내가 오늘은 너희를 위해 피자를 준비했다. 많이들 먹어라."

아이들은 책상에 차려진 피자를 먹으며 웃음꽃을 피웠다. 지우가 음료수를 마시며 말했다.

"선생님, 이렇게 먹여 놓고 혹시 일 시키는 건 아니지요?"

"물론 아니지. 너희에게 그럴듯한 간식 한번 못 산 것 같아 준비한 거야. 불안해하지 말고 천천히 먹어라. 모자라면 또 시켜 줄 테니까."

"우리가 배부르게 먹으려면 선생님 지갑이 홀쭉해질걸요."

영수가 신이 나서 말하며 새로운 피자 조각을 들었다. 아이들도 경쟁적으로 피자 조각을 집어 들었다. 김바르는 콜라 한 잔을 따라 마시며 물었다.

"오늘은 간식을 먹는 게 주목적이니까 재미난 이야기를 하자꾸나. 무슨 이야기를 할까?"

은희가 김바르에게 피자 한 조각을 건네며 말했다.

"결국은 스피노자로 돌아가는 거 아니에요?"

"어떻게 알았지?"

김바르가 기분 좋게 웃었다. 아이들도 따라 웃었다. 시켜놓은 피자가 순식간에 초토화되었다. 김바르는 일부러 겁먹은 표정을 지으며 말했다.

"피자 더 시켜 줄까?"

"우리는 돼지가 아닙니다. 이제 그만 먹어도 돼요. 그렇지 얘들아?"

지우가 손사래를 치며 아이들에게 동의를 구했다. 눈치 없는 성찬이가 "나는 배고픈 소크라테스보다는 배부른 돼지가 되겠습니다." 하고 항변했지만, 먹혀 들지 않았다. 김바르는 지우에게 엄지손가락을 치켜세우며 농을 던졌다.

"선생님 지갑 걱정하는 건 지우 밖에 없구나. 고맙다 얘들아. 성찬이만 빼고."

간식 시간이 끝나자, 아이들은 자리를 정돈하고 앉았다.

성찬이가 웃으며 손을 번쩍 들었다.

"선생님, 첫사랑 이야기 해 주세요."

첫사랑, 얼마나 가슴 뛰는 말인가? 아이들도 모두 첫사랑 이야기를 해 달라며 졸랐다.

"결혼도 안 한 노총각에게 첫사랑 이야기를 해 달라는 것은 거의 고문에 가까운 질문이지만, 너희가 원하니 이번에는 사랑이야기를 해 볼까?"

김바르는 짐짓 모른 체 하고 주제를 살짝 바꿨다. 성찬이는 즉각 눈치 채고 "막연한 사랑 이야기 말고 선생님의 첫사랑 이야기요." 하고 졸랐다. 아이들도 가세했다. 김바르는 어쩔 수 없다는 표정을 지으며 이야기를 시작했다.

"알았다 알았어. 녀석들 집요하기는. 그러니까 내 첫사랑은 아마도 고등학교 때였던 것 같다. 교회를 아주 열심히 다닐 때였지. 고등학교 은사님의 딸도 같은 교회를 다녔는데, 나를 아주 열심히 따라다녔어. 내가 고등학교 때는 잘 생겼었거든."

아이들이 믿기지 않는다는 표정으로 우~~ 하고 야유했다. 김바르는 반응에 아랑곳하지 않고 이야기를 이어 나갔다.

"믿거나 말거나. 어쨌든 그 여학생하고 오빠 동생하면서 꽤 오랜 기간 지냈었는데, 그때는 사랑이 뭔지 몰랐고, 대학교에 들어와 사랑이 뭔지 알았을 때에는, 그 여학생이 내 곁에서 떠나고 없었단다. 내가 군대 간 사이에 미국으로 유학을 가 버렸거든. 결국 사랑한다는 말도 못하고 헤어지고 말았지."

아이들은 '피~ 그게 다예요' 하며 실망하는 기색이 역력했다. 김바르가 멋쩍게 웃자, 은희가 제법 도발적으로 물었다.

"선생님이 생각하는 사랑은 뭔가요?"

"내가 생각하는 사랑보다는 스피노자가 생각하는 사랑에 대해서 이야기해 줄게. 스피노자는 사랑을 이렇게 정의했어. '사랑은 외부원인에 대한 관념에 수반하는 기쁨이다.'[13] 라고 말이야."

지우가 김바르의 말을 듣고 말했다.

"선생님, 스피노자는 원래 그렇게 말을 어렵게 해요? 무슨 말인지 통 알아먹을 수가 없잖아요."

"말에는 쉽지만 엉망인 말이 있고, 어렵지만 정확한 말이 있지. 마치 수학 공식처럼 말이야. 스피노자는 말을 쉽게 하지 못하는 게 아니라 정확하게 말하려는 것일 뿐이었지. 그러니까 지레 짐작하지 말고 하나하나 따져 보자. 스피노자의 정의에 따르면 우리는 세 개의 단어에 주목해야 돼. 외부 원인, 관념, 기쁨. 이 세 가지가 사랑과 관련이 깊지.

첫째, 외부 원인. 이 말은 사랑은 저절로 생기지 않는다는 거야. 사랑의 원인이 외부에서 온다는 거지. 따라서 사랑을 할 때에는 그 대상을 잘 선택해야 해.[14] 어떤 대상을 선택하느냐가 사랑의 운명을 결정하게 되니까. 돈, 명예, 지위, 심지어 술이나 쾌락도 사랑의 대상이 될 수 있어. 재물욕, 명예욕, 지위욕, 음주욕, 탐욕도 다 사랑의 종류라 할 수 있지.

둘째, 사랑은 사랑하는 대상 그 자체에서 오는 것이 아니라 그 대상에 대한 관념에서 생긴다는 거야. 사랑하고 있다는 생각, 사랑받고 있다는 생각이 사랑을 구성하는 거지. 그래서 대상은 변함이 없는데도 대상에 대한 생각이 변하기도 하지. 사랑하던 사람이 미워지기도 하고, 그토록 미워했던 사람과 사랑에 빠지기도 하고 말이야. 아, 요즘 '나쁜 남자'라는 말이 유행이더구나. 나쁜 짓을 하는데도 사랑의 감정이 생긴다면 사랑이 대상에게서 직접 오는 것이 아니라, 우리의 생각을 통해서 오는 것임을 알 수 있지.

셋째, 사랑은 기쁨이야. 사람은 사랑을 할 때와 받을 때 가장 기쁘잖아. 우리가 사랑에 실패하면서도 다시 사랑하고 싶어지는 이유는, 사랑이 바로 기쁨을 증가시키는 감정[15]이기 때문이야. 그래서 사람은 본능적으로 사랑을 갈구하는 거야. 안 그러니, 지우야?"

김바르는 설명하다가 지우의 이름을 부르며 동의를 구했다. 딴청을 피우다가 갑작스런 호명에 지우는 당황하며 "제가 그걸 어떻게 알아요?" 하며 얼굴이 발그레해졌다.

김바르는 짐짓 놀란 척하며 "지우가 왜 그걸 몰라? 다른 아이들은 몰라도 지우는 정확히 알고 있는 것 같은데. 안 그러니, 은희야?" 하며 이번에는 화살을 은희에게 날렸다. 은희도 얼굴이 빨개졌다.

아이들이 박수를 치며 좋아했다. 영수는 순간 당황했다. '그렇다면 은희와 지우가 공식 커플? 나만 눈치 못 챘나?'

김바르는 사랑에 대한 정리를 마무리하며 이야기했다.

"어때, 처음에는 스피노자의 사랑에 대한 정의가 딱딱하고 어려워 보였지만, 하나하나 뜯어서 살펴보니 꽤 많은 이야기를 할 수 있었지. 그리고 사랑에 대해서도 더 많은 것을 이해하게 되지 않았니?"

아이들은 스피노자의 이야기에 동의할 수 있었다. 대중가요에 나오는 사랑 이야기보다, 그냥 '나 너 좋아해.'라는 단순한 감정보다 스피노자의 정의는 많은 것을 설명해 주었다.

김바르는 교실에 있는 아이들의 얼굴을 하나하나 살펴보았다. 모두 사랑스런 아이들이다. 김바르가 푸른꿈에 와서 가장 주의 깊게 살핀 것이 아이들의 특성이다. 힘 센 아이, 약한 아이, 말 잘하는 아이, 내숭 떠는 아이, 적극적인 아이, 소극적인 아이, 주도적인 아이와 추종적인 아이, 무엇을 좋아하고 싫어하는지, 누가 누구를 좋아하고 싫어하는지. 꼼꼼히 살피고 기억하려고 노력했다. 아이들을 이해해야만 아이들에게 진정으로 다가갈 수 있다고 생각했기 때문이었다. 약점과 장점을 파악하는 것이 아니라 그 아이의 고유한 모습을 이해하는 것, 그것이 사랑의 첫걸음이라고 김바르는 생각했다. 오늘도 그 한 걸음을 걸어간 것이다.

4.

중간고사 기간이 다가오고 있다. 아이들은 학원에서 시험 대비 보충 수업을 해서 바빴다. 영수는 수학 학원에 다녔다. 평소에도 못하는 수학을 시험 기간에는 집중적으로 해야 했기 때문에 더 지치고 힘들었다. 학원 선생님들은 핵심 정리다, 압축 강의다 다양한 방법을 써서 아이들을 붙잡아놓고 있었다. 영수는 이러한 상황에 자신이 놓여 있는 것이 참으로 짜증났다. 학원에서는 토요일도 보충 수업을 잡아놓고 학원에 나오라고 통보했지만, 영수는 토요일은 다른 수업이 잡혀 있다고 말했다. 그러나 그 수업이 푸른꿈에서 진행하는 철학 수업이라고는 차마 말하지 못했다. 토요일 아침 학원에 간다고 말해 놓고, 영수는 푸른꿈으로 향했다.

영수가 푸른꿈에 도착했을 때, 아이들이 삼삼오오 모여 시험 대비를 하고 있었다. 재미난 것은 선생이 가르치는 것이 아니라 선배

학생이 후배 학생을 지도하는 것이었다. 중3 학생은 중2 학생을, 중2 학생은 중1 학생을, 중1 학생은 초등학생을 가르치는 식이었다. 영수가 보니 은희는 영어를, 지우는 수학을 가르치고 있었다. 식당에서 아이들의 간식을 준비하던 김바르가 나왔다.

"오늘 간식은 떡볶이다. 너희가 좋아하는 햄과 어묵을 충분히 넣었으니 맛있게 먹도록. 아참, 영수가 왔으니 영수도 후배를 지도해야 하는데. 영수는 무슨 과목을 잘 하지?"

영수는 특별히 잘 하는 과목은 없었지만, 국어는 어렸을 때부터 책을 많이 읽어 수월했다.

"국어를 가르칠게요."

"그래, 영수가 국어를 잘 하는구나. 잘 됐다. 마침 국어를 가르칠 선배가 없어서 고민했는데. 중3 학생은 서로 잘 하는 과목을 서로에게 가르치도록, 너희가 제일 선배니까. 알았지?"

은희와 지우가 서로 보고 웃었다. 영수도 따라 웃었다. 그나저나 성찬이 녀석은 왜 안 오는 거지? 아마도 학원에 붙잡혀 있을 것이다. 서로가 서로에게 배우고 가르치는 이 방법은 김바르가 생각해 낸 것이다. 가르침만큼 확실한 배움이 없다고 김바르는 말했다. 영수도 국어를 가르치다 보니 자신이 모르던 것이 무엇인지 확실히 알게 되었다. 영수는 이렇게 공부하면 학원을 다닐 필요도 없지 않을까 하고 생각했다.

간식시간에 김바르가 준비한 떡볶이를 먹었다. 아이들은 아침을 먹지 않은 것 마냥 허겁지겁 떡을 입에 넣었다. 그때 성찬이가 나타났다. 두 시간이나 학원에 붙잡혀 있다가 도망쳐 나왔다고 한다. 영수는 성찬이를 보며 '먹을 복은 있는 놈이구나' 생각하고는 픽 웃었다. 성찬이가 오니 분위기가 왁자지껄해졌다. 성찬이는 어묵을 골라 입에 넣으며 김바르에게 말했다.

"정말 맛있네요. 그런데 선생님 저는 공부하려고만 하면 졸음이 와요. 의지박약인가요?"

"밤새 게임을 해서 그런 거는 아니고?"

김바르도 떡을 집어 입에 넣으며 말했다. 아이들이 따라 웃었다.

"밤새 게임을 해도, 하면 된다는 의지만 있으면 되는 거 아닌가요?"

성찬이도 웃으며 김바르에게 대꾸했다.

"하면 된다는 말만큼 무모한 말이 없지."

김바르는 먹던 떡볶이를 내려놓고 말했다.

"어차피 쉬는 시간이니까. 잠시만 이야기할까?"

아이들은 떡볶이를 먹으면서 김바르를 쳐다보았다.

"하면 된다는 생각은 인간에게 자유 의지가 있다는 말인데, 그것만큼 망상은 없어.[16] 우리는 가끔 우리가 강하게 원하면 무엇이든지 할 수 있다는 생각을 하지. 어떤 사람은 자유 의지야말로 인간의 위대함을 나타내는 증거라고 말하기도 해. 하지만 과연 그럴까? 예를 들어 거대한 파도가 밀려오는데 강한 의지로 거기에 맞선다면 어떻게 될까?"

지우가 대답했다.

"파도에 휩싸여 위험해지겠죠."

김바르는 끄덕이며 말했다.

"맞아, 거대한 파도가 얼마나 위험한지 모르고 있기 때문이지. 하지만 파도를 타는 서퍼들은 거대한 파도가 오면 올수록 좋아해. 왜 그럴까?"

이번에는 영수가 대답했다.

"파도에 대해서 잘 알기 때문이죠."

김바르는 박수를 쳤다.

"맞았어. 파도에 대해서 잘 알고 있을 뿐만 아니라 그 파도를 타는 능력을 갖추고 있기 때문이야. 여기서 중요한 것은 의지가 아니라 앎이야. 외부에서 밀려오는 파도를 잘 알아야 할 뿐 아니라 그 파도를 탈 수 있는 자신의 능력을 잘 알아야 해. 만약에 둘 중에 어느 것 하나라도 못 갖추고 있으면 아무리 자유 의지가 강할지라도 그 사람은 파도에 휩쓸려 죽게 되지. 그런 의미에서 자유 의지는 무지의 다른 말이야. 진정한 자유는 의지에서 오는 것이 아니라 앎에서 오는 거야."

성찬이가 김바르의 말을 듣고 말했다.

"그럼 제 문제는 뭔가요?"

김바르는 성찬이를 보고 웃었다.

"그거야 네가 더 잘 알잖니? 너는 공부에 대해서도, 공부하는 너의 마음과 몸에 대해서도 잘 모르는 거지. 좀 더 솔직히 이야기해 볼까. 네가 공부만 하면 조는 이유는 너의 욕망이 공부보다는 다른 것에 가 있기 때문이지. 너는 게임할 때는 밤을 새잖아."

"공부가 게임과 같다면 얼마나 좋을까요. 그러면 아마 제가 전교 1등할 거예요."

"그러게 말이다. 성찬이뿐만 아니라 너희도 의지로 공부하려 하지 말고 먼저 내면의 욕망을 잘 살펴보면 좋겠구나. 욕망이야말로 힘이고 능력이니까."

그러자 성찬이는 웃으며 말했다.

"지금 나의 욕망은 더 이상 이야기를 듣지 말고 떡볶이를 먹으라고 이야기하고 있는데요. 저는 힘차게 떡볶이를 먹겠습니다."

영수는 속으로 '저놈의 넉살은 정말 어쩔 수 없다니까.' 하고 생각하며 웃었다.

영수는 학원 가는 날을 제외하고는 푸른꿈에 가서 아이들과 함께 공부를 했다. 일주일에 한 번 갈 때와는 달리, 푸른꿈에서 지내는 아이들과 부쩍 친해진 느낌이 들었다. 은희는 정말 영어를 잘했다. 장래 희망이 작가라고 말했다. 그래서 좋은 외국작품은 영어로 읽었다고 한다.

자신이 원하는 것이 무엇인지 알고 있고, 그것을 위해서 노력하는 은희를 보면서 저 모습이 욕망에 충실한 삶이 아닌가 하는 생각을 했다.

지우도 수학을 잘했지만, 집에 무슨 일이 있는지 자주 빠졌다. 영수는 둘에 뒤처지지 않기 위해서 더욱더 열심히 공부했다. 성찬이는 공부에는 영 흥미가 없어 보였다. 영수를 따라 푸른꿈에 와서도 연습장에 그림이나 그리고 있었다.

그렇게 시험 기간이 흘러갔다. 그리고 시험이 끝났다. 시험을 잘 봤다고 좋아하는 아이, 망쳤다고 머리를 움켜쥐는 아이, 시험 결과와는 무관하게 끝났다고 좋아하는 아이들이 푸른꿈으로 모여들었다. 영수는 그럭저럭 시험을 잘 본 아이에 속했다.

김바르는 아이들을 반갑게 맞이했다.

"어서들 오너라. 시험 보느라 수고했다. 시험 결과에 연연하지 말고 오늘을 즐겨라."

푸른꿈 식당에는 프라이드치킨이 차려져 있었다. 영수는 아이들과 반갑게 인사하며 식탁에 앉았다. 치킨은 언제 먹어도 맛있다. 시험을 망친 아이들은 치킨을 먹는 둥 마는 둥 했다. 김바르는 그런 아이에게 치킨을 건네며 이야기했다. 지우에게도 치킨 한 조각을 건네며 말했다.

"시험을 망쳐서 화가 나니?"

"네, 아무리 노력해도 성적이 안 올라요. 머리가 나쁜 걸까요?"

"화를 내면 기분이 좋아지니?"

"아니요. 더 나빠지죠. 화를 내는데 누가 기분이 좋아지겠어요."

"잘 말했다. 그럼 화를 내지 말고 화를 이해해라.[17] 너의 과거가 너를 지배하지 못하도록."

"그게 말처럼 쉽나요?"

"쉽지는 않아. 그렇지만 할 수는 있어. 너에 대해서 좌절하지 말고, 너를 이해하도록 노력해 봐. 현재의 네가 바로 너니까."

"그럼 그냥 이대로 나를 인정하며 살라는 말인가요?"

김바르는 지우의 어깨를 감싸 쥐며 조용히 말했다.

"아니 인간은 매우 큰 잠재력과 능력을 가진 존재야. 그 능력을 키우는 것은 자신에 대한 화가 아니라 이해에서 온다고 말했을 뿐이지. 너의 힘은 너의 의지에서 오는 게 아니라 너의 환경의 변화에서도 올 수 있단다."

그러자 지우가 발끈 화를 내며 말했다.

"환경의 변화라고요? 엄마 아빠 없이 할머니와 사는 나의 환경을 말하는 건가요? 나는 고아라고요. 더 이상 어떻게 환경이 나빠질 수 있어요? 집에서 나올까요?"

지우의 얼굴은 붉어졌고, 어느새 눈에서는 눈물이 고였다. 김바르는 평정함을 유지한 채, 지우에게 말했다.

"내 말뜻이 그런 게 아니라는 것은 그 누구보다 네가 잘 알 거야. 아이들이 있으니까 그 문제는 나중에 이야기하자꾸나."

지우는 쥐고 있던 치킨을 내려놓고 밖으로 나가 버렸다. 은희가 쫓아 나갔다. 영수는 이러지도 저러지도 못하고 어정쩡하니 자리에 앉아 있었다. 느닷없이 푸른꿈의 분위기가 이상해졌다. 시험이 끝나 기분이 좋았는데, 갑자기 먹구름이 몰려왔다. 도대체 무슨 일이 벌어지고 있는 걸까?

5.

지우가 푸른꿈을 안 나온 지 2주일이나 지났다. 김바르는 지우가 동네의 나쁜 형들과 어울린다는 것을 한 달 전에 목격해 알고 있었다. 김바르는 진작 지우를 따로 만나 형들과의 관계를 정리하라고 충고해 주었다. 하지만 지우는 자기만 잘하면 된다고, 괜찮은 형들이라고 대수롭지 않게 대꾸했다. 하지만 김바르는 알고 있었다. 인간의 의지라는 것이 얼마나 나약한 것인지를.

폭풍우를 만나면 맞서 싸워서는 안 된다. 절벽을 만나면 부딪쳐서는 안 된다. 거대한 파도를 만나면 피해야 한다. 자신의 능력과 자신이 처한 조건을 알지 못하는 용기는 만용에 불과하다. 진정한 용기는 자신을 알고 상대방을 아는 것이다. 거대한 암벽을 오르려면, 암벽에 대한 정확한 지식과 강한 정신력과 체력이 있어야 한다. 그때까지 배우고 자신을 훈련시켜야 한다. 김바르는 지우에게 그것을 가르치고 싶었다.

“지우 형은 안 오나요?”

지우는 아이들에게 인기가 있었다. 통솔력도 있었고, 동생들에게 친절했다. 아이들은 지우가 돌아오길 기다리고 있었다.

“소문에는 나쁜 형들하고 어울린다는데 맞나요?”

김바르는 아이들의 물음에 왈가왈부하지 않았다. 지우가 돌아오길 기다릴 뿐이었다. 그 후로 한 달이 지났다. 김바르가 푸른꿈에 오자, 지우가 초췌한 모습으로 앉아 있었다. 김바르는 아무 일도 없었다는 듯 물었다.

“지우 왔구나. 잘 지냈어?”

지우는 잠시 아무 말 없다가 어렵사리 입을 열었다.

“죄송합니다, 선생님. 저 때문에…….”

그동안 지우는 집에도 들어가지 않았다. 그래서 김바르는 지우 할머니를 찾아가 음식이며 반찬이며 살림살이에 필요한 것들을 남몰래 챙겨 드렸다. 지우가 집으로 돌아왔을 때, 할머니를 통해 이러한 사실을 들은 모양이었다.

“괜찮아. 너만한 나이에 가출 한 번 안 해 보면, 학생도 아니지. 질풍노도의 시기인데 말이야.”

김바르는 웃으며 지우의 어깨를 두드려 주었다. 아이들이 하나

둘 푸른꿈으로 들어왔다. 아이들은 지우를 보고서는 모두 주위를 둘러싸고 반가움을 표시했다. 특히 반가워하는 것은 은희였다. 은희는 눈물까지 글썽였다. 지우는 아이들에게 미안한 듯, 머쓱하게 웃으면서 아이들의 인사를 받았다.

"이렇게 다들 모이니까 좋구나. 오늘은 선택에 대해서 이야기를 해 볼까?"

아이들이 김바르를 바라보았다.

"우리는 이따금 자신의 선택에 대해서 후회할 때가 있어. 조금만 더 일찍 알았더라면, 공부를 계속 했더라면, 화를 내지 않았더라면 하면서 말이지. 이렇게 나쁜 선택 때문에 자책을 하고 후회하고 낙담하고 자신을 다그치게 되지. 하지만 얘들아, 이 세상에 나쁜 선택이란 없는 거야."

아이들은 이해하지 못하겠다는 표정을 지었다.

"너희 얼굴을 보니, 내 말이 이해가 안 되나 본데, 내가 조금만 더 이야기해 볼게. 우리가 나쁜 선택이라고 판단하게 되는 건 선택한 그 순간이 아니라, 나중에 과거에 했던 선택에 대해서 평가한 것에 불과하지. 하지만 막상 그 순간으로 돌아간다면 다른 선택을 했을까? 그렇지 않을 가능성이 훨씬 높아. 이 말은 과거의 선택은 그 당시에는 자신이 가지고 있는 모든 능력과 환경 속에서 어쩔 수 없이 그렇게 했던 거야. 지금은 후회가 되지만 당시에는 자신의 욕망을 충실히 반영한 것이라 볼 수 있어, 나쁜 선택이라기보다는 필연적 선택이었다고 말할 수 있지."[18]

그러자 은희가 물었다.

"그러면 자신의 나쁜 선택에 대해서 후회하지 말라는 건가요?"

"아니 후회하지 말라는 것이 아니라 자신의 모습을 이해하라는 거야. 이해 없는 후회는 자신을 과거에 묶어 두고 현실에 충실하지 못하게 만들거든. 우리는 살면서 늘 과거에 대해 회한에 사로잡히기 쉬워. 하지만 그 과거 때문에 오늘 반성하는 우리가 있는 거야. 그만큼 우리는 성장하는 거지. 인간에게 후회하지 않는 삶은 불가능해. 하지만 후회에 사로잡혀 부정적으로 살아가는 거 하고, 과거의 삶을 이해하고 현재에 충실하게 사는 거 하고는 엄청난 차이를 낳지. 과거의 슬픈 삶을 오늘의 기쁜 삶의 에너지로 사용하라는 거야."

고개를 숙이고 듣고 있던 지우가 고개를 서서히 들었다. 지우의 입에서 얇은 미소가 번지고 있었다. 김바르는 계속 이야기했다.

"우리는 살아가면서 이러지도 저러지도 못하는 상황에 놓일 때가 많아. 그 중에서 자신이 어떻게 할 수 있는 상황도 있지만, 자기가 어쩌지 못하는 상황도 있지. 그러한 상황에 대해서 우리가 명확히 알고 있지 못할 때, 우리는 판단을 못하거나 잘못된 선택을 하게 돼. 하지만 우리는 우리가 처한 상황과 자신의 능력에 대해서 명확히 알게 될 때, 분명한 행동을 할 수 있어. 상황에 알맞고, 능력에 적합한 행동을 말이야."

지우가 조용히 입을 열었다.

"하지만 나의 행동과는 상관없이 나를 괴롭히는 사람에 대해서는 어떻게 해야 하나요?"

은희가 지우의 말을 거들었다.

"맞아요. 우리 주변에는 나쁜 사람들이 많잖아요. 우리가 아무리 잘 하려 해도 그들이 방해하면 어떻게 하죠?"

김바르는 지우가 무언의 항변을 하고 있다는 것을 알았다. 그동안 고생이 심했던 것이다.

"그래 맞아. 우리의 행동과는 상관없이 우리를 괴롭히는 사람들이 많아. 학교에 가면 별 잘못도 안 했는데 왕따를 당한다거나, 동네에서는 나쁜 선배들이 괜히 괴롭힌다거나, 심지어 어른들도 그런 경우가 많지. 직장 상사로부터 심한 질책을 받기도 하고, 동료로부터 따돌림을 당하기도 하고."

아이들 중 하나가 말했다.

"그런 사람들은 혼나야 해요. 감옥에 처넣어 버리든가."

김바르는 놀란 표정으로 말했다.

"굉장히 과격하게 나오는데! 그런데 얘들아, 내가 했던 말을 잘 기억해 봐. 우리는 우리가 뭔가 잘못된 선택을 할 때, 알고서 한 것이 아닌 경우가 많잖아. 설령 알았다고 생각하더라도 잘못 안 것도 많고. 그래서 우리는 우리의 과거 선택에 대해서 스스로 용서하고 현재의 삶에 충실해야 한다고 이야기했어.

혹시 우리가 나쁜 사람이라고 생각하는 사람들도 그런 것 아닐까? 그들 또한 그들의 행동을 잘 알고 하는 것이 아니라 단지 충동적으로 아니면 의식하지도 못하면서 그런 것은 아닐까? 그들도 우리처럼 잘 모르고 행동하는 경우가 많아. 우리는 그들이 뭔가 엄청나게 나쁜 의도로 행동한 것 같이 여기지만, 사실은 그들의 행동은 우리가 생각한 것만큼 의도적인 게 아닐 수도 있어. 어쩌면 그들이 처한 환경과 그들의 능력이 그렇게밖에 행동하지 못하도록 한 건 아닐까? 이렇게 생각해 보면, 우리에게 잘못한 사람들의 행동에 대해서 좀 더 냉정하게 바라볼 수 있어. 설령 그런 상황에 놓이게 된다면 우리가 아니더라도 누군가는 피해를 보게 되지."

성찬이가 웃으며 말했다.

"맞아요. 엄마는 아빠랑 싸우다가 괜히 나에게 화를 내곤 해요."

"아주 좋은 예구나. 그러한 상황이라면 성찬이가 아니라 성찬이 동생이 있더라도 화를 당하게 될 거야."

성찬이가 대꾸했다.

"그런데 선생님, 저 동생 없는데요."

"알아 임마. 예가 그렇다는 거야."

아이들은 와르르 웃음을 터뜨렸다. 지우도 웃으며 말했다.

"그럼 선생님, 그럴 때는 어떻게 해야 하나요?"

"어떡하긴 뭘 어떻게. 튀어야지! 너도 튀어 왔잖아."

아이들이 지우를 바라보며 킬킬대고 웃었다.

"때로 문제가 해결이 안 될 때는 문제에서 벗어나는 게 해결책일 수 있어. 상황이 그럴 수밖에 없었던 상황이라면, 그 상황에서 벗어나 다른 상황을 맞이하면 돼. 지우야, 다시 오니까 기분 좋지?"

김바르는 호흡을 고르며 말했다. 지우는 씩 웃으며 그렇다고 대답했다.

"우리는 슬퍼하거나 화를 내기 위해서 태어난 존재가 아니야. 내가 이야기했지. 우리는 신의 소중한 일부라고. 지나친 자책이나 원망을 멈추고, 자신이 기뻐하는 일을 찾아봐. 그리고 그 기쁨이 슬픔을 이길 수 있도록 노력하자. 자, 얘들아. 파이팅!"

김바르는 주먹을 꽉 쥐고 하늘로 올리며 외쳤다. 아이들도 주먹을 쥐고 '파이팅!'하고 외쳤다. 푸른꿈 교실이 떠나갈 것 같았다.

[8] "욕망을 어떤 정서에 따라 어떤 것을 하도록 만드는 것으로 여기는 한, 욕망은 인간의 본질 자체이다." – 『에티카』 3부 정서의 정의1

[9] "내가 제시한 길은 매우 어렵게 보일지라도 발견될 수는 있다. 또한 이처럼 드물게 발견되는 것은 물론 험준한 일임이 분명하다. 만일 행복이 눈앞에 있다면 그리고 큰 노력 없이 찾을 수 있다면, 그것이 모든 사람에게서 등한시되는 일이 도대체 어떻게 있을 수 있을까? 그러나 모든 고귀한 것은 힘들 뿐만 아니라 드물다." – 『에티카』 5부 정의 42 주석

[10] "사유와 사물의 관념이 정신 안에서 질서를 잡고 연결되는 것처럼 신체의 변용이나 사물의 표상도 바로 그렇게 신체 안에서 질서를 잡고 연결된다." – 『에티카』 5부 정리 1

[11] "어떤 신체가 동시에 많은 작용을 하거나 많은 작용을 받는데 다른 신체보다 더 유능하면 유능할수록 그것의 정신도 역시 많은 것을 동시에 지각하는 데 다른 정신보다 더 유능하다." – 『에티카』 2부 정리 13 주석

[12] "우리 신체의 존재를 배제하는 관념은 우리의 정신 안에 있을 수 없고, 그런 관념은 오히려 우리의 정신에 반대된다." – 『에티카』 3부 정리 10

[13] 『에티카』 3부 정의6

[14] "지극한 행복과 비참함은 모두 오직 하나의 요소에 달려 있다. 즉 우리가 사랑하는 대상이 어떤 종류의 것인가에 달려 있는 것이다." – 스피노자, 『지성개선론』 중에서

[15] "정신은 신체의 활동 능력을 증대시키거나 촉진시키는 것을 가능한 한 표상하고자 한다." – 『에티카』 3부 정리 12

[16] "인간이 자신을 자유롭다고 믿는 것은 그릇된 일이다. 그러한 의견은 단지 그들이 자신의 행동은 의식하지만 그들로 하여금 행동하게끔 결정하는 원인을 모르는 데에서 성립한다. 그러므로 그들 자신의 행동의 원인을 모른다는 것이 그들의 자유의 관념이다." – 『에티카』 2부 정리35 주석

[17] "자연 안에서는 자연의 잘못으로 여길 만한 어떤 일도 일어나지 않는다. 왜냐하면 자연은 항상 동일하며 자연의 힘과 활동 능력은 어디서나 동일하기 때문이다. 만물이 생성하며 한 형상에서 다른 형상으로 변화하는 자연의 법칙과 규칙은 어디서나 항상 동일하기 때문이다. 그러므로 그것이 어떤 것이든 간에 모든 사물의 본성을 인식하는 방법도 또한 동일하지 않으면 안 된다. 즉 그것은 자연의 보편적인 법칙과 규칙에 의한 인식이지 않으면 안 된다. 따라서 증오, 분노, 질투 등의 정서도 그 자체로 고찰한다면 여타의 개별적인 것과 마찬가지로 동일한 자연의 필연성과 힘에서 생긴다. 따라서 그러한 정서들은 그것들이 인식되어야 할 특정한 원인이 있으며, 단지 그것을 고찰하는 것만으로도 즐거움을 가져다 주는 각각의 또 다른 사물의 성질과 같이 우리가 인식할 만한 특정한 성질을 소유한다." – 『에티카』 3부 서문

[18] "의지는 자유 원인이라고 할 수 없고 단지 필연적 원인이라고 할 수 있다." – 『에티카』 1부 정리 32

3

선과 악

1.

시험도 끝나고, 지우도 돌아왔다. 다시 일상이 시작되었다. 푸른꿈의 아이들은 오랜만에 텃밭에 나가 작물을 돌봤다. 시험 기간 동안에 밭에 나가지 않아서 그런지 밭에는 잡초가 많이 우거져 있었다. 다른 밭은 선생님이 정리를 깔끔하게 다 해 놔서 작물만 가지런히 자라고 있었는데, 아이들이 돌보는 밭은 작물 반 잡초 반이었다. 남학생은 잡초를 잡고, 여학생은 작물을 거둬들이기로 했다. 20평 남짓 되는 밭이지만 작물이 꽤 많았다.

남학생들이 잡초를 뽑아서 한편에 모아 두면 여학생들은 남학생의 뒤를 이어 작물을 거둬들였다. 잡초는 뽑아서 버리는 것이 아니라, 다시 작물 위에 덮여져 수분이 쉬 증발되는 것을 방지하고, 썩으면서 거름 역할을 할 것이다. 밭에서 자라 밭으로 돌아가는 순환농법이다. 밭에서 자란 것들은 어느 것 하나 버리지 않고 다시 밭으로 돌아가는 이 농법은 우주의 생명 순환을 염두에 두고 지어진 이름이었다.

여학생이 거둬들인 작물은 종류별로 분류되어 반은 푸른꿈의 반찬 재료로 이용되었고, 나머지 반은 학생 수만큼 골고루 나누었다. 영수가 가져갈 채소망을 확인해 보니, 고추가 20여 개, 방울토마토가 50여 개, 청상추, 적상추, 겨자채, 깻잎이 한 움큼씩 들어 있다. 거기에 오이며, 가지며, 애호박도 하나씩 들어있다.

마트에서 사 먹는 빛깔 좋고 곱게 자란 것들은 아니었지만, 화학비료와 농약을 치지 않고 유기농으로 키운 건강한 작물들이 자랑스럽게 쌓여 있다. 아이들은 저마다 작물 한 망씩을 들고 서로에게 보이며 좋아했다. 김바르는 아이들을 이끌고 텃밭창고로 들어갔다.

“다들 수고했다. 날씨도 더운데 고생이 많았어. 지우가 아이스크림 사러 갔으니까 조그만 참아. 오랜 만에 밖에 나와 일하니까 신 나지?”

성찬이가 약간 푸념 섞인 말을 늘어놓았다.

“작물을 가져갈 수 있어서 좋긴 한데, 잡초 잡는 일은 힘들어요. 잡초 좀 안 자라게 할 수 없나요?”

그러자 영수도 웃으며 맞장구를 쳤다.

“맞아요. 잡초 나빠요.”

김바르와 아이들이 따라 웃었다.

"그래, 성찬이와 영수는 텃밭 일을 별로 안 해 봐서 힘들었겠구나. 하지만 나쁘다 좋다는 평가는 너무 자의적이지 않니?"

김바르의 말에 은희가 되물었다.

"그럼 나쁘다 좋다의 기준은 뭔가요?"

"그건 말이야……."

마침 지우가 아이스크림을 사 갖고 창고로 들어왔다. 김바르는 아이들에게 하나씩 나눠 주라고 하면서 말을 이었다.

"쉽게 정의 내릴 수는 없을 것 같다. 전통적으로 기독교에서는 선과 악을 분명히 나누고 선은 행하라 말하지만, 우리가 그동안 이야기한 신에 대해서 생각해 본다면 선과 악은 신이 나눈 것이 아니라 인간의 습관 때문에 생긴 편견인 것 같아."

은희는 고개를 갸우뚱했다.

"그건 어떤 편견이냐면 세상 만물이 인간을 위해서 존재한다는 편견이야. 그로 인해서 더 많은 편견이 등장하지. 식물을 예로 들어 보자. 잡초나 채소가 인간을 위해서 태어났을까?"

아이스크림을 빨던 지우가 대답했다.

"꼭 그런 건 아닌 것 같은데요."

"그래. 잡초나 채소 또한 자신의 고유한 생명 활동을 지속하기 위해서 태어난 거야. 그런데 인간은 잡초는 자신에게 무용하고, 채소는 인간에게 유용하다는 것을 기준으로 나쁘다 좋다라고 말하지.[19]

그것은 신의 관점에서 보자면 정당한 것은 아닐 거야. 이 세상 만물이 신의 모습이니까. 그러니까 선과 악은 다만 인간이 부여하는 유용성의 관점에서만 의미가 있는 말일 거야. 그럼 내가 질문 하나 해 볼까?"

아이들은 김바르를 쳐다보았다.

"장미의 가시, 독사의 독, 산의 절벽, 이런 것들은 선할까 악할까?"

이번에는 은희가 대답했다.

"그 자체로는 선하지도 악하지도 않은 것 같아요."

"그래. 이 세상 만물 중 그 어느 것도 그 자체로는 선하다 또는 악하다고 말할 수 없어. 가시에 찔리거나, 독사에게 물리거나, 절벽에서 떨어진 사람이 그것이 악하다고 생각할 뿐이야. 만약에 그러한 사태를 당하지 않았다면 그것은 선하지도 악하지도 않아. 그럼 음악은 어떨까?"

성찬이가 나서서 대답했다.

"그거야. 짱 선한 거죠."

김바르는 웃으며 말했다.

"성찬이는 생각 좀 해라. 의도적 질문을 던졌는데 삼천포로 빠지냐? 얘들아 너희는 어떻게 생각해?"

그러자 중1 학생 중 하나가 대답했다.

"선생님의 의도라면 선하지도 악하지도 않아야죠."

"거봐라. 중1 학생도 내가 원하는 대답을 하네. 스피노자는 말했어. '음악은 우울증 환자에게는 선한 것이고 절망한 사람에게는 악한 것이다. 그리고 귀머거리에게는 선하지도 악하지도 않다.'[20]라고."

김바르는 박수를 치며 말했다. 그러자 은희가 웃으며 물었다.

"결국 스피노자네요. 그런데 선생님, 스피노자도 선과 악에 대해서 이야기하네요?"

김바르는 은희의 날카로운 지적을 칭찬하며 말을 이었다.

"그래, 하지만 스피노자가 말하는 선과 악은 전통적 의미에서 말하는 선과 악과는 다른 거야. 전통적으로 선과 악은 존재의 본질에 속한다고 보았지. 쉽게 말해, 이 세상에 존재하는 것들을 선한 존재와 악한 존재로 나눌 수 있다는 생각이야. 하지만 스피노자는 이러한 생각에 반대했어. 이 세상의 모든 존재는 그 본성상 선하지도 악하지도 않아. 선과 악은 대상과의 관계에서 만들어지는 상대적인 생각일 뿐이야. 예를 들어 독사는 그 자체로는 선하지도 악하지도 않지만, 독사에 대해 무지한 사람이 독사를 만날 때는 뱀에 물려 위험한 상태에 처하게 되고, 독사에 대해서 잘 아는 사람이 독사를 만날 때는 독사를 피해 안전하게 되지. 심지어 독사의 독으로 의약품을 만들어서 사람의 생명을 살리는 약으로 사용할 수도 있어."

그러자 성찬이가 손을 번쩍 들었다. 그의 눈에는 결기가 가득 차 있었다.

“그런데 선생님, 교회에서는 하나님이 세상을 창조할 때 ‘보시기 좋았다.’라고 말씀하셨고, 여섯째 날 인간을 만들고 나서 세상을 지배하라고 말씀하셨는데[21] 이런 생각은 잘못된 건가요?”

영수는 성찬이를 바라보면서 드디어 결투가 시작되는구나 생각했다. 하지만 김바르는 이런 성찬이의 반론에 조금도 동요하지 않아 보였다.

“성찬이가 성서를 믿고 안 믿고는 성찬이의 신앙의 문제니까 잠시 제쳐 두고, 성찬이의 말을 그냥 논리적으로 이야기해 보자. 우선 성찬이의 말에 따르면 이 세상의 모든 존재, 즉 자연이 선하다고 인간을 위해 창조되었다는 이야기인데 폭풍이나 지진, 질병 등은 왜 생기는 걸까? 인간을 위해서 창조된 자연이 만들어 낸 현상인데 말이야.”

성찬이는 김바르의 질문에 답했다.

“그건 신에게 잘못한 사람들을 심판하기 위해서 아닌가요?”

김바르는 날카롭게 질문을 더해갔다.

“그럼 폭풍이나 지진이나 질병에 죽은 사람들은 모두 신에게 잘못한 사람일까? 그중에는 교회에 다니거나 신앙이 돈독한 사람은 없었을까?”

성찬이는 조금 당황스러워하면서 대답했다.

"인간의 눈으로 판단하는 것과 하나님의 눈으로 판단하는 것은 다르지 않을까요? 하나님은 인간을 넘어선 존재니까요."

"그러니까 너의 결론은 결국 자연 현상에 죽은 사람은 신이 볼 때 악해서 죽은 것이고, 그들의 악함을 판단하는 것은 인간의 능력을 넘어선다는 이야기이네. 쉽게 말해 너는 모르겠다는 거지?"

김바르가 하도 몰아붙이자 성찬이는 대꾸할 수 없었다. 아이들도 갑작스런 김바르의 공격적인 태도에 당황했다. 김바르는 박수를 딱! 치며 평소의 모습으로 돌아와 활짝 웃으며 이야기를 했다.

"지금까지 성찬이와 내가 보여 준 대화는 『에티카』 1부 부록에 나오는 이야기를 연출한 거야. 멋모르고 참여해 준 성찬이에게 박수를 보내 주자."

김바르가 말하자, 아이들은 그제야 안도하며 박수를 쳤다. 하지만 정작 성찬이는 어리둥절해서 이러지도 저러지도 못하고 앉아 있었다. 자기 손에 쥐고 있던 아이스크림이 녹아서 뚝뚝 떨어지고 있는 것도 모른 채.

"자, 밭에서 일하느라 수고했다. 푸른꿈으로 점심 먹으러 가자. 출발!"

아이들은 삼삼오오 이야기를 나누며 텃밭에서 나갔다. 영수가 성찬이에게 다가가 어깨에 손을 올리며 은근히 어깨동무를 했다. 그리고는 성찬이의 귀에 대고 크게 말했다.

"1전 1패!"

성찬이는 자신을 위로해 주는 줄 알았는데 놀림을 당하자, 영수를 향해 주먹을 쥐어 보였다. 영수는 어깨동무를 풀고 성찬에게서 달아났다. 성찬이는 영수를 쫓아갔다. 영수는 앞서가는 아이들 속으로 들어가 성찬이를 요리조리 따돌렸다. 아이들은 이 모습을 보며 깔깔대고 웃었다.

2.

김바르는 오랜만에 스승이 운영하는 지성문고에 들렀다. 그동안 푸른 꿈에서 있었던 일들을 말씀도 드릴 겸.

지성문고는 한적해 보였다. 하지만 소모임 방에서는 여러 명의 남성이 열띤 토론을 벌이고 있었다.

"동화 읽는 아빠 모임이야."

박선환이 김바르에게 말했다.

"아빠들도 동화를 읽네요?"

"벌써 3년이나 된 모임이야. 아이들에게 좋은 책을 읽어 주자고 시작했는데, 저 중에는 동화 작가가 된 사람도 있어."

"대단하네요."

김바르는 소모임 방을 슬쩍 훔쳐보며 말했다. 지성문고는 동네의 사랑방과 같은 역할을 했다. 박선환은 서점에 들어오는 책을 다

받아들이는 것이 아니라, 자신이 검토해서 좋은 책들만 주문했다. 그러다 보니 책의 수량은 많지 않지만 좋은 책만 있는 서점으로 주변에 알려지기 시작했다. 게다가 서점에는 두 개의 작은 소모임방을 만들어 언제든지 책을 읽거나 모임을 가질 수 있도록 배려했다. 작지만 알차게 운영되는 서점이었다. 김바르는 책장에 진열된 책들을 살펴보았다.

"오랜만에 한 잔 할까? 할 이야기도 있고."

박선환은 모임을 갖고 있는 사람 중 한 명을 불러 서점 문단속을 부탁했다. 지성문고에서 나오니 해가 어둑어둑해졌다. 박선환은 김바르를 데리고 동네에 있는 단골 실내 포장마차로 갔다.

"여기 늘 먹던 거로 줘요."

박선환이 말하자, 주인장이 나와 웃으며 인사하더니 주방으로 들어갔다. 조금 시간이 흐르고 막걸리와 두부김치가 차려졌다.

"그래, 푸른꿈은 어때?"

"처음에는 어색할 줄 알았는데, 아이들이 워낙 좋아서 금세 친해졌어요. 이제는 아주 좋아요."

"내가 뭐라 그랬나. 자네는 잘할 거라고 했지. 암만, 내 수제자인데. 흐흐흐. 그런데 뭘 가르치누?"

"스피노자요."

"아이들에게 스피노자를 가르친다고? 참 질긴 인연이네 그 양반

하곤. 아이들은?"

"재밌어 해요."

"아이들이 스피노자를 재밌어 한다고? 그놈들도 이상한 놈들이네."

"그러게요. 그런데 선생님 뭐 하실 말씀이 있다고 하셨잖아요?"

박선환은 김바르에게 막걸리 한 잔을 따라주며 앞에 있던 잔을 비웠다. 김바르는 막걸리를 따르며 속으로 걱정했다. 혹시 건강에 문제가 생기신 걸까? 서점이 어렵다는데 서점에 무슨 문제가 있나? 이런저런 생각에 목이 말랐다. 김바르도 한 잔 쭉 들이켰다.

박선환은 김바르에게 막걸리를 따라 주며 무심한 말투로 말을 건넸다.

"은혜가 돌아왔어. 미국에서 잘 살 줄 알았다만, 이혼하고 아이 둘 데리고 들어왔네. 어디 갈 데도 없고 해서 우리 집에서 지내고 있어. 요즘은 취직하기도 하늘의 별 따기여서, 내가 서점 알바나 시키면서 애들 학비나 보태게 하려고."

은혜가 돌아왔다는 말에 김바르는 충격을 받았다. 김바르가 군대에 가자 미국으로 유학 간 은혜였다. 김바르가 힘들었을 때 늘 오누이같이 잘 대해 주던 은혜였다. 그런 은혜가, 사랑한다는 말조차 꺼내기 전에 떠나 버린 은혜가 돌아왔다. 김바르는 복잡한 생각에 연거푸 막걸리를 마셨다. 박선환도 아무 말 없이 막걸리를 주거니 받거니 했다.

서로 아무 말도 하지 않았지만 무수히 많은 말이 침묵 속에서 오고갔다. 둘 다 거나하게 취했다. 김바르는 박선환을 집까지 배웅했다. 그리고 돌아오는 길에 하늘을 보고 크게 한숨을 쉬었다. 하늘에는 별이 총총 떠 있었다. 김바르는 집으로 돌아오면서 무수히 되뇌었다. 은혜가 돌아왔다. 은혜가 돌아왔다. 은혜가…….

"선생님, 지난 시간에 선생님께서 선과 악은 대상과의 관계에서 만들어지는 상대적인 생각이라고 말씀하셨잖아요. 그러면 선한 관계를 유지하기 위해서는 어떻게 해야 하나요?"

은희가 메모장을 보며 질문을 했다. 은희는 메모광이었다. 하지만 김바르는 은희의 질문을 들은 건지 만 건지 멍하니 허공을 바라보고 있었다.

"선생님, 제 말 들리세요?"

은희가 다시 큰 소리로 말하자, 그저서야 김바르는 정신을 차린 듯 은희를 보고 말했다.

"뭐라고?"

"선생님 요즘 무슨 생각을 하시는 거예요. 제가 질문 했거든요."

"아, 그래? 미안 미안. 요즘 내가 정신이 오락가락 하나 보다. 다시 한 번만 질문해 줄래?"

김바르는 두 손을 모으고 미안하다는 표정으로 은희에게 말했다. 은희는 짐짓 삐친 척을 하면서 "버스 떠났네요." 하고 고개를 돌렸다.

김바르는 거듭 미안한 표정을 지으며 부탁하듯 말했다.

"한 번만 봐줘라. 선생님도 사람이잖니. 누구나 실수는 있는 법이니까. 응? 은희야."

"지난 시간에 선생님께서 선과 악은 대상과의 관계에서 만들어지는 상대적인 생각이라고 말씀하셨는데, 그러면 선한 관계를 유지하기 위해서는 어떻게 해야 하냐고요."

은희는 금세 표정을 바꿔 웃으며 다시 물었다. 김바르는 은희의 질문을 잠시 생각하고 나서 입을 열었다.

"알아야지. 『손자병법』에도 이런 말이 있잖아. 적을 알고 나를 알면 백 번 싸워도 위태롭지 않다. 스피노자라면 적이라는 말 대신에 자연이라고 했겠지만 말이야. 나를 포함한 자연에 대하여 우리가 더욱 많이 알면 알수록 우리는 자연과 나쁜 관계를 맺지 않고, 좋은 관계를 맺을 수가 있어. 지난 시간에 독사의 예를 들어서 설명해 준 것 기억나지. 우리가 독사에 대해 무지할 때에는 독사에게 물려서 위험에 처할 가능성이 높지만, 독사에 대해 잘 알면 독사를 피하거나, 심지어 독사의 독을 이용하여 사람에게 필요한 약을 만들 수도 있다는 말을 했잖아."

그러자 영수가 손을 번쩍 들었다.

"그러면 선생님, 예를 들어 은희와 좋은 관계를 유지하려면 은희에 대해서 잘 알아야 하네요."

김바르는 영수를 향해 웃으며 답했다.

"두말하면 잔소리지. 굳이 예라고 말할 것까지는 없지만 말이야."

지우는 분위기가 이상하게 흐르자 화제를 돌려 버렸다.

"그런데 선생님 스피노자는 지난번에 사랑을 정의한 것처럼 선과 악에 대해서 정의를 내렸나요?"

"아니 지우가 무슨 바람이 불었대? 어려운 말은 딱 질색하는 애가. 백만 년 만에 나올까 말까한 질문이니까 내가 정성껏 대답해 줘야겠구나. 스피노자가 말하길……."

김바르가 막 이야기를 하려는데 "잠깐만요 선생님. 볼펜이 안 나와서. 지우야, 볼펜 좀 빌려 줘." 하고 은희가 말했다. 지우가 볼펜을 찾고 있는데, 영수가 자기 볼펜을 냉큼 은희에게 건넸다. 은희는 영수의 펜을 고맙다며 받았고, 뒤늦게 볼펜을 찾은 지우는 영수를 노려봤다. 영수는 딴청을 피웠다.

"중대한 이야기를 하려는데 말을 끊다니. 은희 때문에 이야기를 안 해야겠다."

김바르는 은희를 보며 소심한 복수의 눈빛을 보냈다. 은희는 피식 웃었다.

"하지만 지우의 부탁도 있고 하니 다시 본론으로 들어가서 스피노자가 말하길 선은 '우리에게 유익하다고 우리가 확실히 아는 것을 나는 선으로 이해한다'[22]고 정의했어."

은희는 한마디 한마디 받아 적으며 물었다.

"그럼 악은요?"

"악은 '반대로 우리가 선한 어떤 것을 소유하는 데 방해되는 사실을 우리가 확실히 아는 것을 나는 악으로 이해한다'[23]고 정의했어."

김바르가 말을 끝내자, 지우는 머리를 쥐어뜯는 척을 하며 "역시 스피노자는 어려워." 하고 고개를 숙였다. 아이들이 모두 웃었다.

"그렇지 지우야? 기초영문법 공부하는데 종합영어를 보는 기분이지? 쉽게 말해 보자. 우리가 우리에게 유익한 것을 확실히 알면 선이고, 그것을 방해하면 악이다. 간단히 말해 잘 알면 선, 모르면 악!"

그러자 성찬이가 손을 들었다.

"결국 스피노자도 선과 악으로 세상을 나눴네요?"

영수는 다시 2라운드가 시작되었나 생각했다. 김바르는 성찬이를 보고 씩 웃으며 말했다.

"설마 성찬이는 지난 시간의 이야기를 잊은 것은 아니지? 하지만 질문이 갸륵하여 내가 다시 한 번 설명해 줄게. 전통적인 종교에서는 신의 관점에서 선과 악을 나누지. 하지만 스피노자는 신의 관점에서는 선도 악도 존재하지 않는다고 보았어. 선과 악이라는 생각은 인간이 자연과 관계를 맺으면서 생겨난 거야. 왜 그런 생각이 생겨났을까? 인간은 자연 속에 있으면서 자연과 관계를 맺고 자연에게 많이 의존하며 살아갈 수밖에 없는 존재이기 때문이지. 그래서 인간에게 좋은 것은 선이고, 나쁜 것은 악이라고 생각하기 시작했지. 그리고 그런 생각에 오래도록 중독되다 보니까 생각이 습관처럼 굳어져 버렸어. 그래서 스피노자는 그 습관처럼 굳어진 생각을 다시 부드럽게 만들고 싶었지. 악이라고 하는 것이 원래부터 있었던 것이 아니라 자연에 대한 무지에서 발생한 것이라고 말이야.[24] 자연을 이해한다면 악이라는 생각은 없어질 것이라고 말이야.[25]"

김바르의 설명이 끝나자, 지우가 말했다.

"그냥 선생님이 스피노자 하면 안 돼요? 스피노자의 말은 너무 어려운데, 선생님 말은 이해가 돼요."

"그럴까?"

김바르는 껄껄 웃었다. 아이들도 맞다며 박수를 쳤다. 아이들과 웃고 이야기를 나누다 보니 김바르는 잠시나마 고민거리를 내려놓을 수 있었다.

3.

김바르는 카페에 들어갔다. 은혜를 만나기 위해서다. 10년 만에 만나는 자리라 긴장이 됐다. 주위를 둘러보았다. 시간이 일러서 그런지 한적했다. 창가에 한 여인이 밖을 쳐다보며 앉아있다. 김바르는 혹시 싶어 그 여인에게 다가갔다.

"혹시 은혜?"

여인은 천천히 고개를 돌려 김바르를 쳐다보았다. 은혜였다. 10대의 장난꾸러기 같은 소녀의 모습은 사라지고, 쓸쓸함이 묻어나는 성숙한 여인이 되어 있었다. 은혜는 조용한 미소로 김바르를 맞이했다.

카페 주인이 다가와 주문을 받았다. 둘 다 아메리카노를 시켰다. 커피가 나올 때까지 둘은 말없이 앉아있었다. 카페에서 흐르는 음악만이 적막함을 지우고 있었다. 은혜가 커피 잔을 어루만지며 입을 열었다.

"만나자는 이야기를 듣고 올까말까 몇 번이나 망설였어. 세월이 많이 지났지? 오빠가 아직도 결혼하지 않았다는 이야기도 아빠한테 들었어. 그러니까 더 나오기가 망설여지더라. 그래도 한 번은 만나야 할 것 같아서 온 거야."

김바르는 은혜가 하는 이야기를 조용히 듣고 있었다.

"그랬구나. 나도 네가 왔다는 소식을 듣고 무척이나 놀랐어. 미국에서 정착해 돌아오지 않을 거라고 생각했거든. 낯선 곳에서 고생을 많이 했다는 이야기도 선생님을 통해서 들었어. 어쨌든 돌아와 줘서 기쁘다."

그렇게 말하고 나니 다음 말이 떠오르지 않았다. 둘 사이에는 다시 침묵이 흘렀다. 은혜는 말없이 창밖을 쳐다봤다. 김바르도 창밖으로 시선을 돌렸다. 구름 한 점 없는 맑은 하늘이 펼쳐져 있었다.

"내가 떠나는 날도 이렇게 날씨가 좋았어. 오빠가 신학 대학을 그만 두고 힘겨운 나날을 살아가는 동안 내가 할 수 있는 일이 없다는 생각이 들었어. 답답한 현실을 벗어나고 싶었어. 그래서 미국행을 선택했는데 벌써 10년이란 세월이 흘렀네."

은혜는 담담하게 이야기를 했다. 김바르는 고개를 돌리지 않고 은혜의 이야기를 들었다. 신에 미쳐 지내던 신학 대학 시절, 김바르는 모든 종교적 편견과 대결하겠다는 결연한 자세로 자신을 몰아붙였다. 그는 만나는 사람마다 논쟁을 벌였다. 그로 인해 많은 사람에게 상처를 주었을 뿐 아니라 자신도 만신창이가 되어 가고 있었다. 기쁨의 나날이 아니라 분노의 나날이었다. 당시 김바르가 보기에는 세상이 온통 미친 것 같았다. 그 미친 세상과 대결하려면 자신도 미쳐야 한다고 생각했다. 그래서 주변을 돌아볼 겨를도 없었다. 자신을 안타깝게 바라보며 챙겨 주던 은혜도 당시 김바르에게는 짐처럼 생각되었다. 결국 신학 대학을 그만 두고 세상과의 대결에서 상처 입어 동굴로 피신하는 맹수의 심정으로 군대에 가게 된 것이다. 과거의 일들이 주마등처럼 머리를 스치고 지나갔다. 김바르는 고개를 돌려 은혜를 쳐다보았다. 은혜 또한 고개를 숙이고 상념에 잠겨 있었다. 김바르는 한참 만에 입을 열었다.

"미안하다."

은혜는 김바르의 말을 서둘러 막았다.

"미안해 할 거 하나도 없어. 누구나 자기의 삶은 자기가 살아가야 하니까. 나도 오빠 때문에 돌아온 건 아니야. 그저 미국에서의 삶이 지긋지긋해서 견딜 수가 없었을 뿐이야. 그래도 오빠가 잘 살고 있으니 다행이야. 오빠라도 잘 살아야지."

김바르는 당황했다. 지나간 세월이 은혜에게 많은 상처를 주었음을 느꼈다. 외지에서 홀로 감당했을 은혜의 고통을 생각하니 가슴이 아파왔다. 은혜가 일어서며 말했다.

"시간이 해결해 주겠지. 그만 갈래. 만나서 반가웠어. 우리 악수나 한 번 하자."

은혜가 손을 내밀었다. 김바르는 엉겁결에 손을 내밀어 은혜와 악수를 했다. 은혜가 카페를 나갔다. 김바르는 멍청하게 카페에 앉아 이미 식어 버린 커피를 바라보았다.

멍청한 놈! 김바르는 자신에게 말했다. 결국 하고 싶은 이야기는 하나도 못했다. 과거에 명랑한 은혜가 우울한 자신을 치유해 주었듯이, 이번에는 명랑해진 자신이 힘든 은혜를 치유해 주고 싶다고 말하려고 했었다. 자신이 은혜의 버팀목이 되어 주고 싶다고 말하고 싶었다. 그런데 과거의 후회스러움과 은혜의 우울함에 감염되어 꿀 먹은 벙어리처럼 제대로 말도 못하고 헤어졌다. 김바르는 한참 동안 카페에 앉아 벌어진 상황을 안타깝게 되씹고 있었다.

영수는 푸른꿈에 다니면서 자신이 부쩍 성장했다는 생각이 들었다. 이전에는 자기의 모습도 마음에 들지 않았고, 주변 상황에도 관심이 없었다. 하지만 김바르와 철학 수업을 하면서, 자신뿐만 아니라 주변 사람에게도 관심이 많이 갔다. 공부는 잘 못하지만 자존감도 생겼다. 주변과 좋은 관계를 맺다 보면 좋은 일이 많이 생길 것만 같은 기대감도 들었다. 이 모든 게 김바르 덕분이라고 생각하니 감사한 마음이 들었다.

영수는 엄마에게 넥타이를 하나만 사 달라고 부탁했다. 영수 엄마는 중학생이 무슨 넥타이냐며 핀잔을 줬지만, 김바르에게 선물할 것이라고 말하자 흔쾌히 넥타이를 사서 예쁘게 포장까지 해 줬다. 영수는 선물 상자를 들고 가벼운 마음으로 푸른꿈으로 향했다. 푸른꿈에 도착하니 예상대로 김바르가 먼저 와서 아이들을 기다리고 있었다.

"선생님 받으세요."

영수는 선물 상자를 김바르에게 내밀었다.

"이게 뭐냐?"

"선물이요."

"아니 내 생일이 내일인 건 어떻게 알았니?"

그러자 영수뿐만 아니라 주변에 아이들도 깜짝 놀라며 진짜냐고 물었다. 갑자기 분위기가 화기애애해졌다. 아이들은 생일파티를 하자며 난리를 쳤다. 김바르는 잠시 생각하더니 말했다.

"좋다. 그럼 내일 6시까지 우리 집에 오도록. 생일 파티하자."

아이들은 좋아라하며 아우성을 쳤다. 김바르는 가까스로 분위기를 진정시키고 수업을 시작했다.

"지난 시간에 선과 악에 대해서 말했지? 그러면 이번 시간에는 선과 악을 알아야 하는 이유에 대해서 이야기해 보자. 너희는 왜 선과 악을 알아야 한다고 생각하니?"

아이들이 꿀 먹은 벙어리 마냥 멍하니 김바르를 쳐다봤다.

“이놈들이 염불에는 관심이 없고 젯밥에만 관심 있다더니, 생일 파티 이야기를 하니까 아예 공부는 신경도 안 쓰는구나. 자, 집중, 집중!”

그러자, 영수가 자신이 없는 듯 작은 목소리로 대답했다.

“결국 잘 살려는 거 아닌가요?”

“잘 대답했다. 영수가 요즘 생각을 많이 하나 보네.”

영수를 칭찬하더니 흐뭇한 표정으로 이야기 했다.

“진정 자유로운 삶을 살기 위해서야. 그럼 자유로운 삶이란 뭘까?”

성찬이가 손을 들었다. 김바르는 성찬이를 노려보며 말했다.

“설마, 제멋대로 사는 삶이라고 말하려는 건 아니지?”

성찬이는 머리를 긁으며 주위를 돌아봤다.

“그렇게 말하려고 했는데요. 아닌가요?”

동의를 구하는 성찬이에게 영수가 엄지손가락을 거꾸로 들어 보이며 말했다.

“선생님 용서하세요. 제가 친구를 잘못 둔 부덕의 소치입니다.”

좌중을 웃긴 영수 덕분에 분위기가 부드러워졌다. 김바르는 지우를 가리키며 대답해 보라고 했다.

“자유로운 삶은 자신을 많이 아는 삶 아닐까요?”

김바르가 박수를 쳤다. 아이들도 따라서 박수를 쳤다.

"그래 자유로운 삶이란 자기 멋대로 사는 삶이 아니라 자신과 자연에 대해 잘 알아서, 자신의 삶을 선한 방향으로 능동적으로 이끄는 것을 말해. 무지로 인해 노예처럼 끌려 다니는 것이 아니라, 앎을 통해 자유인이 되는 삶이지.[26] 그런 의미에서 지우는 자유인이 될 자격이 충분히 있네."

김바르는 지우를 치켜세웠다. 지우는 갑작스런 칭찬에 당황하면서도 환한 웃음을 감추지 못했다. 아이들은 지우를 향해 엄지손가락을 치켜세워 주었다. 김바르가 말을 이었다.

"진정한 자유인은 그래서 자기를 점점 완성하는 사람이야. 자신의 신체와 정신의 능력을 최대한 끌어내어 자신을 선의 방향으로 이끌어 가는 것을 선택하고, 악의 방향으로 이끄는 것을 물리치지. 몸도 마음도 점점 건강해지는 사람, 자신을 슬프게 만드는 것들을 이해하고 기쁨의 방향으로 돌리는 사람, 그래서 자기의 현재 삶에서 신의 완전성에 도달한 사람, 그런 사람이 바로 자유인이야. 어때 한번 도전해 볼 만하지 않니?"

아이들은 김바르의 말을 듣고 가슴이 뛰었다. 참다운 자유인으로 살아 보고 싶다는 욕망이 일어났다. 영수가 손을 들었다.

"그럼 선생님, 공부 잘하고 좋은 대학에 가고 좋은 직장을 구하는 것하고 자유인이 되는 것하고는 다른 거네요?"

김바르는 영수를 쳐다보았다.

"그럼, 전혀 다르지. 그렇다고 내가 공부 하지 말고, 좋은 대학에 가지 말고, 좋은 직장을 구하지 말라는 말은 아닌 거 알지? 공부를 하더라도 자기다운 공부를 하고, 대학에 들어가든 안 들어가든 자기다운 앎을 추구하고, 직장에 들어가든 안 들어가든 이끌려 사는 삶이 아니라 이끌고 사는 능동적인 사람이 되어야 해. 남과 비교되는 삶이 아니라 자신을 완성하는 삶이 바로 자유의 기준이야."

영수는 '남과 비교되는 삶이 아니라 자신을 완성하는 삶'이란 말을 가슴에 새겼다. 기분이 좋았다. 김바르는 아이들을 하나하나 바라보며 속으로 기원했다.

'그래 너희는 자유로운 삶을 살았으면 좋겠다. 자신을 주눅 들게 만드는 환경을 거부하고, 자신을 기쁘게 만드는 환경을 만들어 가거라. 다른 사람의 눈치 따위는 보지 말고, 자신이 진짜 원하는 삶을 살거라. 점점 더 지혜롭고 강인해지는 사람이 되거라.'

김바르는 자신의 삶도 돌아보았다. 슬픔을 기쁨으로 바꾸는 삶, 과거에 얽매이지 않고 현재에 충실한 삶을 과연 나는 살고 있는가? 이렇게 스스로에게 질문하니 자신의 앞으로 살아갈 길이 명료해지는 것 같았다. 수업을 끝내고 김바르는 은혜에게 전화를 걸었다. 오랫동안 통화가 이어졌다. 김바르의 입에서 미소가 번졌다.

4.

김바르의 생일. 날씨가 화창했다. 영수와 성찬이는 교회 예배가 끝나자, 팬시점에 들러 김바르의 생일 선물을 골랐다. 성찬이는 영수에게 어제 선물했으니까 안 사도 된다고 말했지만, 영수는 어제 선물은 엄마가 준 선물이니까 자신도 선물 하나를 준비할 거라고 말했다. 용돈으로 사는 거라 비싼 것을 살 수는 없었다.

성찬이는 연필꽂이를, 영수는 명함 지갑을 샀다. 5시 반에 푸른꿈에 모여 아이들과 함께 김바르의 집으로 가기로 했다. 푸른꿈에 도착하자, 저마다 각양각색의 선물을 들고 나타났다. 은희는 여자아이들과 돈을 모아, 꽃다발과 가방을 샀다. 모두 신이 나 있었다.

6시에 맞춰 김바르 집에 도착해 보니, 음식이 엄청나게 차려져 있었다. 은희는 주방으로 들어갔다. 그런데 주방에는 김바르만 있는 것이 아니었다. 어떤 아줌마 한 분이 일을 하고 있었다. 서로 잘 아는 사이 같았다. 성찬이가 주방을 기웃대다가 아줌마를 발견하고, 인사했다.

"사모님 안녕하세요?"

그러자 그 아줌마는 호호 웃으며 "나 사모님 아닌데." 하더니 성찬이에게 눈웃음을 보냈다. 은희는 안도의 한숨을 쉬었다. 그러다가 자신이 왜 안도의 한숨을 쉬는지 이상한 느낌이 들었다. 음식이 다 차려지자, 아이들이 상에 둘러앉았다. 김바르는 안방에 들어가 할아버지 한 분과 아이 둘을 데리고 나왔다. 그리고 아이들에게 할아버지와 아줌마, 아이 둘을 소개했다.

"자 주목. 여기 계신 이 분이 나를 바로 푸른꿈에 소개한 지성문고의 박선환 선생님이야. 너희도 가끔 봤지? 푸른꿈 후원자시니까."

아이들이 박수를 쳤다. 연이어 아줌마가 소개됐다.

"이 분은 박선환 선생님의 따님이야. 오늘 나랑 음식 준비하느라고 고생이 많았다. 수고하셨다고 박수!"

아이들이 환호성을 지르며 박수를 쳤다. 김바르가 아이 둘을 소개하려고 하자, 은혜가 나서며 소개했다.

"우리 애들이야. 유치원 다니고 있어. 얘들아 형, 누나들한테 인사."

두 아이는 어색한 듯이 고개를 들었다가, 이내 게임기에 고개를 박았다.

"우리 애들이 미국에서 태어나 자라서 아직 낯설어서 그래. 자 그럼 음식 식겠다. 어서 먹어라. 아빠, 오빠도 들어요."

영수는 게임하고 있는 두 아이를 불러 옆자리에 앉혔다. 게임이라면 영수도 뒤지지 않는 실력의 소유자니까.

지우가 일어나 사회를 보겠다고 했다. 다들 박수로 환영했다.

"김바르 선생님의, 아참 선생님 연세가? 아 서른다섯이지. 서른다섯 번째, 아니구나, 생일이니까 한 살 더 드셨네. 서른여섯 번째 생신을 축하드립니다. 순서에 입각하여 국민의례는 생략하고, 촛불 점화와 축가가 있겠습니다. 참고로 초를 서른여섯 개를 준비할까 하다가, 그러면 촛불 끄다가 세월이 다 갈 것 같아서, 큰 거 세 개하고 작은 것 여섯 개 도합 아홉 개를 준비했음을 공지해 드리겠습니다. 그럼 촛불 점화!"

지우의 유머러스한 소개에 아이들은 모두 환호성을 질렀다. 김바르 뿐만 아니라 같이 참석한 어른들도 활짝 웃었다. 촛불이 켜지고 생일 축하 노래가 울려 퍼졌다. 김바르가 촛불을 끄자 다시 한 번 크게 박수 소리가 집안에 울렸다.

"자, 그럼 점점 늙어가는 처지지만, 죄송합니다, 어쨌든 즐거운 생일을 맞이하신 김바르 선생님의 축배사가 있겠습니다. 축배사는 알코올이 들어간 음료수로 해야 정상이지만, 우리가 미성년인 관계로 주스로 대신함을 양해하시기 바랍니다."

다시 웃음이 터져 나왔다. 김바르는 아이들을 웃음소리 속에서 일어났다.

"고맙다. 얘들아. 내 생일에 이렇게 많은 사람이 모여 축하받기는 태어나 처음인 것 같다. 그리고 저를 가르쳐 주신 선생님과 음식을 준비해 준 은혜 씨 감사합니다. 그동안 외로운 생일을 맞았었는데, 이제는 외롭지 않을 것 같네요. 말이 길어지면 음식이 식으니까 간단히 축배사를 외치겠습니다. 스피노자가 가장 좋아하는 단어가 아닐까 싶네요. 자 따라 외쳐 봅시다. 자유! 기쁨!"

모두들 잔을 높이 들고 크게 외쳤다.

"자유!"

"기쁨!"

아이들은 김바르에게 선물을 전달하고 은희가 대표로 꽃을 전달했다. 김바르는 아이들에게 일일이 고마움을 표했다. 지우가 마무리 발언을 했다.

"이것으로 우리 스피노자, 아니 김바르 선생님의 생신 공식 행사를 마치도록 하겠습니다. 준비한 음식이 넘쳐 나니 천천히 꼭꼭 씹어서 차근차근 위장을 채우시길 바랍니다. 이상으로 저는 이지우였습니다."

모두 열화와 같은 박수로 위트 넘치는 지우의 사회를 칭찬했다. 영수는 속으로 '성찬이보다 더 말발 센 놈이었구나.' 생각했다. 은근히 지우가 좋아졌다. 한편으로는 저놈하고 은희를 놓고 경쟁해야 하다니 생각하면서 살짝 걱정이 됐다.

하지만 이런 걱정은 금세 사라졌다. 눈앞에 진수성찬이 놓여 있지 않은가. 아이들은 벌써부터 공격 모드로 음식을 공략하기 시작했다. 영수도 뒤질세라 제일 큰 갈비 하나를 집어 들었다.

생일잔치가 무사히 끝났다. 아이들이 돌아가니 집안이 조용해졌다. 음식은 하나도 남지 않았다. 중3 아이들이 식사 후에 팔을 걷어붙이고 설거지를 해 주어서 뒷정리가 빨리 끝났다. 푸른꿈에서는 식사 후에 설거지를 자발적으로 조를 짜서 하도록 했다. 푸른꿈의 아이들은 모두 자신이 먹은 음식은 자신이 정리하고 설거지까지 하는 것이 몸에 배어 있었다. 박선환은 손자들과 함께 먼저 가겠다며 김바르와 은혜에게 시간을 주었다.

김바르와 은혜는 호수공원을 한 바퀴 돌기로 했다. 일요일 늦은 저녁이었지만 운동하는 사람이 많았다. 김바르는 가로등이 있는 조용한 벤치로 은혜를 이끌었다. 김바르는 바지 주머니에서 수건을 꺼내 은혜가 앉을 자리에 깔아 주었다. 은혜는 웃으며 자리에 앉았다.

"매너 있네. 다른 여자들에게도 이렇게 해 줬나?"

"아니 책에서 본 거야."

"연애는 못해 보고 책만 읽었어?"

"그러게 말이다. 그래서 이제 연애 한번 해 보려고."

"누구랑?"

"너랑."

"지금 작업 거는 거야?"

"나도 총각 딱지 좀 떼자."

김바르는 용기를 내서 응석을 부렸다. 은혜는 귀엽다는 듯 살짝 웃었다.

"너는 어때?"

김바르가 묻자, 은혜가 조심스레 되물었다.

"나랑 괜찮겠어? 주변 사람의 이목도 있는데."

"남의 이목 따위는 신경 쓰지 말라는 게 내가 스피노자에게서 배운 거야."

"그러다가 신학 대학교에서도 잘렸잖아."

"잘린 게 아니고 내가 그만 둔 거지."

"그게 그거지 뭐."

"은혜야 그러지 말고, 응? 죽은 사람 소원도 들어준다는데 산 사람 소원 좀 들어주라."

"소원이 참 소박해졌네. 젊었을 때는 신에 미쳐 날뛰더니."

"너 진짜 내가 미쳐 날뛰는 꼴 보고 싶니?" 하고 과장되게 말하며 김바르는 크게 깔깔 웃었다. 은혜도 따라 웃었다. 웃음이 잦아들자 은혜가 조용히 말했다.

"오빠 고마워. 나 이렇게 오빠랑 다시 친하게 된 것만으로 만족해."

김바르는 은혜의 손을 꼭 잡았다. 은혜도 김바르의 손을 잡았다. 은혜의 눈에는 언제부터인가 눈물이 맺혀 있었다. 김바르는 은혜의 눈물을 닦아 주려 손을 내밀었다. 그러자 은혜는 스스로 눈물을 닦으며 말했다.

"내가 미쳤나 봐. 오빠가 하도 웃기니까, 눈물까지 나네."

둘은 말없이 일어나 호수공원을 걸었다. 손을 잡고 걸어가는 두 사람 위로 둥근달이 환하게 비추고 있었다.

5.

영수네 외할머니가 돌아가셨다. 오래전부터 암을 앓고 계시다가 돌아가신 것이다. 빈소는 일산병원 장례식장에 차려졌다. 소식을 듣고 많은 사람이 빈소를 찾았다. 멀리 있던 친척들도 장례식장으로 달려와 장례식을 도왔다.

영수네 학교반 친구들, 교회 친구들뿐만 아니라 푸른꿈 친구들이 찾아와 문상을 하였다. 특히 푸른꿈 친구들은 문상 후에도 집으로 돌아가지 않고 식당에서 상차림을 거들며 자리를 오래도록 지켜주었다. 영수는 좋은 관계가 무엇인지 새삼 느낄 수 있었다.

외할머니는 유언대로 화장하여 수목장으로 모셨다. 영수 엄마는 장례식이 모두 끝난 후 병원에 입원해 이틀이나 있었다. 엄마가 슬퍼하는 모습을 보자 영수는 가슴이 아팠다. 평소에는 씩씩한 여장부 같더니 할머니가 돌아가시자 하염없이 슬퍼하는 모습이 여리디 여리

디 여리기만 했다.

김바르는 장례식장에 매일 방문했다. 영수 아빠는 김바르에게 영수를 돌봐 줘서 고맙다는 인사를 하였다. 영수가 보기에 두 분이 뭔가 많은 이야기를 나누는 것 같았다. 김바르가 간 후에 영수 아빠는 영수를 따로 불러 머리를 쓰다듬으며 말없이 안아 주었다. 영수는 왜 아빠가 영수를 안아 주는지 영문을 알 수 없었으나 기분이 좋았다. 아빠가 있어 든든한 기분이 들었다.

"이번 주에는 영수 외할머니가 돌아가셔서 많이 슬펐지? 다들 고생했다. 너희가 장례식장에서 일을 많이 거들어 주어서 장례식이 잘 치러진 것 같다. 너희가 자랑스럽다."

김바르는 수업을 시작하면서 영수에게 말할 수 있는 시간을 주었다.

"얘들아, 장례식장에 찾아와 줘서 고마워. 엄마하고 아빠하고 너희를 보시고 많이 좋아하셨어. 나도 너희 같은 친구가 있다는 게 자랑스럽다는 생각을 했어. 고맙다, 얘들아."

영수가 조용히 말하고 앉았다. 분위기가 차분히 가라앉았다. 지우가 김바르에게 말을 건넸다.

"그런데 선생님, 사람들은 죽음 앞에서 무력해지는 것 같아요. 한없이 슬퍼지고요. 선생님은 이 슬픔을 어떻게 극복하셨어요?"

김바르는 지우의 말을 조용히 듣고 있다가 갑자기 웃음기 어린 말투로 이야기했다.

"얘들아, 내가 재미난 이야기 해 줄까?"

아이들도 분위기를 바꾸고 싶었는지, 해 달라고 했다.

"이번에는 스피노자 이야기는 아니니까. 너무 쫄지 말도록. 특히 지우 너! 옛날에 장자란 분이 있었어, 그런데 이 분의 아내가 죽은 거야. 그래서 장자의 절친인 혜자란 분이 문상을 갔대. 그런데 이상한 일이 벌어진 거야. 아 글쎄, 장자라는 분이 아내의 관 앞에서 두 다리를 쭉 뻗고 앉아 질그릇을 두드리면서 노래를 부르고 있는 거야. 그래서 혜자는 화가 나서 이렇게 말했지. '자네 미쳤나. 아내가 죽었는데 슬퍼하며 곡을 하지 않는 것도 이상한 일인데, 노래를 부르다니 너무 심하지 않은가?' 하고 말이야."

어느새 아이들은 이야기에 빨려 들어가서 "그래서요?" 하고 물었다.

"그러자 장자는 이렇게 말했어. '아내가 죽었을 때 나라고 왜 슬퍼하지 않았겠나. 그런데 곰곰이 생각을 해 보았지. 생명이란 본래 아무것도 없는 것에서 기운이 생겨나고, 기운이 뭉쳐서 형체를 이루고, 형체가 변하여 생명이 된 걸세. 그것은 마치 봄 여름 가을 겨울처럼 하늘의 흐름을 따르는 일. 이제 아내가 죽어 생명이 변하여, 형체가 흩어지고, 기운이 변하여 우주가 될 것이니 본래의 모습으로 돌아간 것일 뿐. 계절의 변화와 우주의 이치를 모른다면 모를까 그것을 알고 있는 나로서는 더 이상 슬퍼할 수가 없었네. 그래서 울기를 그만 둔 것이지.'[27] 하고 말했어."

그러자 지우가 물었다.

"그럼 우리도 누군가의 죽음에 슬퍼하지 말라는 말인가요?"

"설마, 사람이 죽었는데 안 슬프면 그건 사람도 아니지. 슬퍼해야지 암 슬퍼해야 하고말고. 하지만 그 슬픔의 상태에 머물러 있으면 안 된다는 거야. 슬픔을 극복해야지. 장자는 삶과 죽음을 계절의 순환처럼 이해함으로써 슬픔을 극복할 수 있었어. 물론 그릇을 두드리며 노래를 부른 것은 우리같이 평범한 사람들은 이해할 수 없는 경지지만 말이야."

김바르는 웃으며 말했다. 그러자 은희가 물었다.

"그럼 선생님은 죽음에 대해서 어떻게 생각하세요?"

"나? 무섭다고 생각해."

"에이 농담하지 마시구요."

"그래그래 미안. 나는 죽음과 삶은 하나라고 생각해. 죽음이 있어야 삶이 있고, 삶이 있어야 죽음이 있지. 우리가 음식을 먹으려면 식물이나 동물이 죽어야 하잖아. 그걸 통해서 우리는 사는 거고. 세상 만물이 이렇게 서로 얽히고설켜 자연을 형성하고 있지. 우리 몸만 해도 그래. 오래된 세포가 죽지 않으면 새로운 세포가 형성되지 않

아. 그리고 그 새로운 세포가 또 죽어야 또 새로운 세포가 형성되지. 그렇게 우리의 몸이 성장하는 거야. 만약에 죽음이 없다면 성장과 변화라는 것은 없는 거야. 낡고 편협한 생각이 죽어야 새롭고 올바른 생각이 자리를 잡는 이치도 마찬가지지."

그러자 영수가 물었다.

"그럼 스피노자는 죽음을 어떻게 말했어요?"

김바르는 영수를 보고 웃었다.

"이제 영수가 기운이 돌아왔나 보네. 스피노자에 대해서 묻고 말이야. 좋았어. 스피노자는 이렇게 말했어. '자유인은 결코 죽음을 생각하지 않으며, 그의 지혜는 죽음이 아니라 삶에 대한 성찰이다.'[28] 라고."

영수가 또 물었다.

"자유인은 죽음을 생각하지 않는다고요? 왜요?"

김바르는 영수에게 다가가 영수의 어깨의 손을 올리면서 말했다.

"자유의 조건은 앎인데, 사람은 죽음에 대해서 알 수 없다고 보았기 때문이야. 왜냐하면 우리는 살아 있는 사람이니까. 살아 있는 동안에는 죽음을 알 수 없고, 죽고 나서는 삶을 알 수 없으니, 죽음에 대해서 생각하는 것은 쓸데없는 일이라고 판단했어. 차라리 우리가 알 수 있는 것, 즉 삶에 대해서 더욱 잘 살펴보는 것이 지혜라고 보았지."

영수는 이해할 수 있을 것 같다고 말했다. 아이들도 스피노자의 말을 이해할 수 있을 것 같았다.

"사람들은 모두 죽음을 두려워해. 모르기 때문이지. 그리고 이러한 두려움을 이용하여 장사를 하는 사람이 많아. 예전에는 교회가 그랬어. 죽은 후에 지옥에 가지 않고 천국에 가려면 헌금을 많이 해야 한다고 설교하고, 심지어는 죄를 용서해 주는 면죄부도 판매했었지. 요즘도 이렇게 죽음을 이용하는 '죽음의 상인'이 많아. 스피노자는 이런 사람들을 비판한 거야. 스피노자가 보기에 두려움과 공포는 결코 기쁜 삶의 조건이 될 수 없어. 그래서 죽음을 알려하지 말고 그 힘으로 삶에 집중하라고 말하고 싶었던 거야."

김바르는 이야기를 마치고 영수의 어깨를 한번 꽉 쥐어 주고는 자리로 돌아왔다. 죽음을 알려 하지 말고 삶에 집중하라는 말은 영수에게 큰 힘이 되었다. 영수는 외할머니의 죽음으로 힘들어 하시는 엄마에게 어떻게든 도움이 되고 싶었다. 스피노자의 말이 엄마에게 힘이 될지는 모르지만 슬픔을 이기는 데 조금은 도움이 될 것도 같았다.

다른 아이들도 나름 죽음의 경험을 가지고 있었다. 편모거나 편부 슬하에서 자라난 아이, 부모도 없이 할머니 손에서 자라는 아이가 푸른꿈에는 많았다. 그런 아이들에게 자신의 말이 힘이 될지 알 수는 없었으나, 김바르는 아이들 처지 하나하나를 생각하면서 '죽음'

이라는 무거운 주제를 선택했다. 다행히 아이들의 표정이 밝았다.

그때였다. 교실 문이 열리면서 영수 아빠가 피자를 잔뜩 사들고 들어오셨다. 영수는 아빠의 등장에 깜짝 놀랐다.

"어 아빠 웬일이세요?"

"웬일은, 아들이 배우는 곳에 인사하러 왔지. 그리고 푸른꿈 아이들이 장례식장에서 보여 준 모습이 너무 기특해서 고마움을 표시하러 왔다. 얘들아, 나 영수 아빠야. 알지? 반갑다. 그리고 고맙다."

말을 마치자 영수 아빠는 피자를 내놓았다. 아이들은 모두 환호성을 질렀다. 아이들에겐 먹는 게 최고라는 진리가 다시 한 번 확인되는 시간이었다. 왜 아니겠는가? 한참 먹고 뒤돌아서면 배고파질 나이인데.

피자 한 판에 즐거워하는 아이들을 보며 김바르와 영수 아빠는 마주 보고 웃었다.

[19] “모든 사람은 사물의 원인에 대해 무지한 채로 태어나고, 또 자신에게 유용한 것을 추구하는 욕구를 가지고 있으며, 그 욕구에 대해 의식하고 있다.” – 『에티카』 1부 부록

[20] 『에티카』 4부, 서문

[21] 『성서』 「창세기」 1장

[22] 『에티카』 4부 정의 1

[23] 『에티카』 4부 정의 2

[24] “악에 대한 인식은 부적합한 인식이다.” – 『에티카』 4부 정리 64

[25] “만일 인간의 정신이 타당한 관념만을 가진다고 한다면, 아무런 악의 개념도 형성되지 않을 것이다.”

[26] “오직 정서나 속견에만 인도되는 인간과 이성에 인도되는 인간과의 차이는 쉽게 알 수 있을 것이다. 왜냐하면 전자는 자신이 원하든 원하지 않든 간에 자신이 전혀 모르는 것을 행하지만, 후자는 자기 이외의 어떤 사람에게도 따르지 않고 그가 인생에서 가장 중대하다고 아는 것, 그러므로 자기가 가장 욕구하는 것만을 행하기 때문이다. 그러므로 나는 전자를 노예라고 하고 후자를 자유인이라고 부른다.” – 『에티카』 4부 정리 66 보충

[27] 장자, 『장자』 〈지극한 즐거움〉 18장

[28] 『에티카』 4부 정리 67

4

기쁨과 슬픔

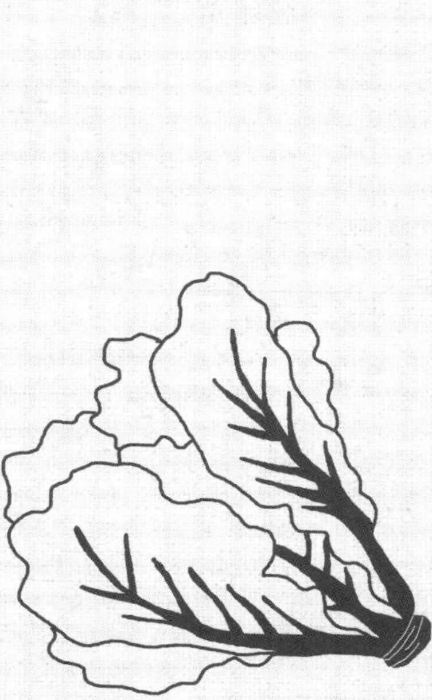

1.

여름 무더위가 한창이다. 사람에게도 힘든 계절이지만, 텃밭의 작물도 더위를 먹은 듯 축축 늘어졌다. 비라도 시원하게 내려 줬으면 좋겠는데, 일주일째 비가 오지 않고 있다. 덩달아 텃밭 일도 많아졌다. 김바르와 아이들은 조를 나눠 밭에 물을 듬뿍 주고, 잡초를 뽑아 두둑 위에 눕혔다.

두 시간 정도를 일하니 모두 땀이 비 오듯 했다. 구슬땀이라는 말은 비유적 표현이 아니라 사실적 언어라는 생각이 들었다. 김바르는 아이들을 창고에 데리고 들어가 햇빛을 피했다. 가늘게 부는 바람이 이렇게 시원할 줄 몰랐다.

아이들은 얼려 놓았던 물을 냉장고에서 꺼내 벌컥벌컥 들이켰다. 그늘에서 한참을 쉬고 있는데 지우가 영수에게 아이스크림 내기를 하자고 제안했다. 10분 안에 깻잎을 많이 따는 사람이 이기는 내기였다. 영수는 오케이를 했다. 영수도 이제는 일이 몸에 익숙해져 텃밭일에도 자신감이 붙었다. 자연스럽게 두 패로 나눠졌다. 은희는 영수 편을 들었다. 영수는 어깨가 으쓱해졌다. 이제 은희도 자신을 인정하고 있다고 생각하니 기분이 썩 좋았다.

둘은 성큼성큼 깻잎 밭으로 갔다. 아이들도 따라왔다. 은희가 시간을 재 주기로 했다.

"시작!"

은희의 시작 소리에 맞춰 둘은 깻잎을 땄다. 깻잎을 딸 때마다 짙은 깻잎향이 퍼져나갔다. 영수는 지우를 이기기 위해서 정신없이 땄다. 그런데 지우는 별로 서두르는 기색이 없다. 한 잎 한 잎 따서 차곡차곡 손으로 갈무리를 했다. 영수는 지우의 따는 모습을 보면서 의아해했다. 저놈이 일부러 늦게 하나? 그러나 꼭 그런 것만은 아니다. 지우는 천천히 따는데도 영수가 따는 분량만큼은 따는 것 같았다.

끝! 은희가 종료를 알렸다. 아이들은 영수와 지우가 따 놓은 깻잎 수를 헤아렸다. 영수가 몇 장 차이로 간신히 이겼다. 영수의 승! 아이들은 영수의 손을 올리며 환호성을 질렀다. 영수는 우쭐대며 지우를 바라보았다. 지우는 아무렇지도 않은 듯 웃으며 박수를 쳐 줬다. 이 분위기는 뭐지? 영수는 뭔가 찝찝했다. 승리를 해 놓고도 묘한 기분이 들었다.

"영수야 축하한다. 이번에는 네가 이겼네. 아이스크림은 내가 쏜다. 자, 얘들아. 아이스크림 먹으러 가자."

아이들은 와~ 하며 지우의 뒤를 따라 갔다. 영수도 뒤를 따라가며 은희에게 물었다.

"재 왜 저러는 거야? 지고도 아무렇지도 않은 척하는 거야?"

은희는 웃으며 영수에게 말했다.

"아니 지우가 너를 이제 정식 텃밭 멤버로 인정하는 거야. 지우는 텃밭에서 일하는 초보 학생들을 훈련시키고 어느 정도 됐다 싶으면 내기를 걸어서 일부러 져 줬어. 그게 바로 지우가 텃밭 멤버에게 해 주는 축하 겸 통과 의례인 셈이지. 어쨌든 축하한다. 너도 이제 엄연한 텃밭의 일원이 된 거니까."

"뭐야?"

영수는 지우를 향해 달려갔다. 그리고는 지우의 목을 졸랐다. 은희는 잠시 당황해서 영수의 뒤를 따라 달려갔지만, 금세 영수가 지우에게 장난을 치는 것임을 눈치 채고 웃었다. 지우도 영수에게 목이 졸리면서도 연신 웃었다. 영수도 따라 웃었다.

"이기니까 좋냐?"

"너무 좋다!"

영수는 자신이 비로소 텃밭에 정식 멤버가 되었다는 생각에 하늘을 날아갈 것 같았다. 그리고 지우도 다시 보였다. 은희를 둘러싸고 신경전을 벌였던 지우가 아니라 푸른꿈의 정식 리더 같다는 느낌이 들었다.

오전에 텃밭 일을 마치고 푸른꿈으로 가서 점심을 먹었다. 식당에서는 아이들이 따 온 쌈채소를 깨끗이 씻어 식탁 위에 차렸다. 돼지고기 볶음이 나왔다. 아이들은 쌈에 밥을 얹은 후 고기와 쌈장을 올렸다. 입 안을 가득 채우는 쌈밥은 별미였다. 일한 후라 그런지 더욱더 꿀맛이었다. 식사가 끝나고 설거지를 마친 후에 교실로 올라갔다. 아이들은 행복한 표정으로 책상에 앉았다. 너무 많이 먹었는지, 날씨 탓인지 나른해져 졸음이 몰려왔다.

“어이구 이놈들 수업도 시작하기 전에 꿈나라에 먼저 가 있겠는걸?”

성찬이가 하품을 하며 말했다.

“선생님 한 시간만 자고 하면 안 될까요?”

아이들도 그러자고 졸랐다. 졸음에는 장사가 없었다.

“한 시간 자면 머리가 더 아파지니까 딱 20분만 그 자리에서 잔다. 모두 취침!”

김바르는 씩 웃으며 외쳤다. 아이들은 환호성을 지르며 고개를 책상에 처박았다. 김바르는 교실 밖으로 나와 푸른꿈 마당에 놓인 파라솔 아래에서 냉커피를 한 잔 마셨다. 10분쯤 지나자 영수가 밖으로 나와 김바르 옆에 앉았다.

"넌 왜 안 자니?"

"잠이 오지 않아서요."

"그랬구나. 시원한 음료수라도 마실래?"

"아니요. 그냥 여기 앉아 있을래요."

"그래라."

"선생님?"

"응?"

"사실 저 뭘 하고 살아야 할지 모르겠어요. 장래의 희망이나 목표 같은 것도 사실 없고요."

김바르는 영수를 물끄러미 쳐다보았다. 중3 학생이 뭘 하며 살아야 할지 어떻게 알겠는가? 어른이 된 사람도 모르는 일을 말이다. 김바르는 웃으며 말했다.

"몰라도 돼. 우리가 무슨 목적을 가지고 태어난 건 아니니까.[29] 삶의 목적이나 우리에게 미리 주어진 어떤 역할은 없는 거야."

영수가 물었다.

"그럼 어떻게 살아야 해요?"

"그냥 너 자신으로 살면 돼. 너를 완전히 표현하면서, 너 자신을 기뻐하면서. 너는 너 자체로 완전하니까."

"말도 안 돼요. 제가 어떻게 완전해요? 남들보다 공부도 잘하지 못하고, 잘생기지도 않았고, 게다가 용기도 없는데요."

"남과 비교하려는 마음을 지워 버려. 너는 너 자체로 완전한 거야.[30] 너 같은 사람은 너밖에 없잖아. 다른 누구도 너를 대체할 수는 없어. 장님이 눈을 잃었다고 완전하지 않을까? 아니야. 장님은 눈이 없지만 다른 사람보다 뛰어난 귀와 촉감을 가지고 있지. 고양이가 개 소리를 내지 못한다고, 개가 닭처럼 두 발로 못 걷는다고, 나무가 움직이지 못한다고 문제가 될까? 모든 존재는 존재 그 자체로 완전한 거야. 날아가는 새는 우뚝 서 있는 나무를 부러워하지 않지. 아무 곳도 가지 못하는 나무 또한 날아가는 새를 부러워하지 않아. 호박꽃이 장미꽃을 부러워할까? 오직 인간만이 편견에 사로 잡혀 남들과 자신을 비교하면서 늘 남을 부러워하고 자신은 미워하고 자신 없어 하는 거야. 너만의 색깔, 너만의 향기, 너만의 소리, 너만의 삶이 있어. 그걸 발견하기 위해서 노력하면 돼."

"내 자체가 이미 완전하다면 왜 노력이 필요하지요?"

"더 완전해지기 위해서지. 불완전에서 완전으로 가는 게 아니라 [31] 작은 완전에서 더 큰 완전으로 가는 거야. 우리가 우리의 능력을 키우면 키울수록 우리는 더 많이 우리를 표현할 수 있어. 악기를 다루고, 수영도 하고, 등산도 하고, 세상을 더 많이 알게 될수록 우리는 더욱 능력이 많아지는 거고, 더 완전해지는 거지."

영수의 표정이 밝아졌다. 김바르도 영수의 표정을 의식하며 말했다.

"그래서 우리는 남들과 비교함으로써 자신을 슬픔에 빠뜨리지 않고, 자신의 행복을 찾아 기쁨의 상태를 유지하는 것이 중요해. 기쁨이야말로 더 작은 완전성에서 더 큰 완전성으로 가는 정서[32]니까."

그때 은희가 문을 열고 나왔다.

"여기서 뭐하고 계셔요? 둘이 무슨 비밀 회담을 하는 것 같네요."

김바르는 시계를 보며 "벌써 시간이 많이 지났네. 자, 교실로 들어가자." 하고 일어섰다. 영수도 김바르를 따라 일어나서 교실로 향했다.

영수가 김바르와 단독으로 대화를 나눈 것은 이번이 처음이었다. 은희는 영수에게 무슨 이야기를 했냐며 물었다. 영수는 은희를 바라보며 웃을 뿐 별다른 이야기를 하지 않았다. 핏! 하고 돌아서 가는 은희의 모습이 귀여웠다.

2.

"에이 씨팔."

성찬이가 엄한 나무를 발로 차며 욕을 했다. 이번에도 채인 모양이다. 자칭 연애 박사 성찬이는 여학생과 사귀려고 할 때마다 여학생에게 채였다.

"왜 이번에도 안 만나 주겠대?"

"말도 꺼내지 마. 아주 나쁜 년이야. 선물을 줄 때는 싱글싱글 웃으면서 좋아하는 척하더니 막상 사귀자고 하니까 자기는 남친이 있다면서 거절하는 거 있지."

영수는 성찬이가 옆 반 여학생을 마음에 두고 있다는 것을 알고 있었다. 이번에는 꼭 성공하겠다며 공을 들인 모양이었다. 하지만 결과는 이번에도 실패였다.

"난 여자 애들을 알다가도 모르겠어. 한 길 사람 속 모른다고 했는데, 여자 애들은 그 마음속이 천 길 낭떠러지 같아. 너도 괜히 은희한테 작업 걸지 말고 그냥 우리끼리 우아한 솔로로 살자."

영수는 우리가 지금 나이가 몇 살인데 우아한 솔로 타령이냐고 대꾸하고 싶었지만 입을 다물었다. 성찬이의 속이 상했을 텐데 불난 곳에 기름을 부을 필요는 없으니까.

"도대체 어떻게 해야 사랑에 성공할 수 있냐고요? 참 미치고 환장할 일이네."

"김바르한테 물어 봐."

영수가 은근히 성찬이를 부추겼다. 이번 기회에 자신도 사랑에 성공하는 법을 배우고 싶었다.

"그 노총각 선생이 사랑에 대해서 잘 알면 벌써 결혼했지 혼자 살겠냐?"

"아니야. 지난번에 봤던 여자 분하고 잘되는 것 같던데. 옛날 애인이었다지 아마? 너 요즘 김바르가 항상 웃고 다니는 거 보면 모르겠냐?"

사실이 그랬다. 김바르는 요즘 하루가 멀다 하고 은혜를 만나고 있었다. 처음에는 그냥 다정한 오누이 같더니 어느새 연인으로 변해 있었다. 주변에서는 이런저런 구설수가 있었지만 김바르는 전혀 아랑곳하지 않는 눈치였다. 오히려 당당하게 은혜의 아이들하고 소풍도 가고 산책도 다녔다.

푸른꿈으로 가는 날. 영수는 성찬이가 묻지 않으면 자신이라도 물어볼 결심으로 집을 나섰다. 푸른꿈에 도착하니 아이들이 벌써 와 있었다. 푸른꿈의 분위기가 떠들썩했다.

"영수야, 너 그거 알아? 김바르가 결혼을 한대."

"누가 그래? 언제?"

성찬이의 말에 영수는 놀라며 물어봤다.

"다른 선생님들한테 이미 청첩장이 돌았대. 10월 3일 개천절에 한다는데?"

"정말? 나만 몰랐던 거야?"

"아니 아이들도 오늘 알게 됐나 봐. 은희 표정이 장난이 아니던데?"

영수는 은희 이야기가 나오자, 놀라며 이유를 물었다.

"나도 몰랐는데 은희가 김바르를 몰래 좋아했나 봐."

"에이 말도 안 돼."

영수는 이렇게 말했지만 그럴 수도 있겠다는 생각을 했다. 자신도 중1 때 국어 선생님을 몰래 좋아한 적이 있으니까.

영수는 교실로 들어가 은희를 살폈다. 과연 은희의 표정이 시무룩했다. 뒤늦게 김바르가 교실로 들어왔다. 아이들은 환호성을 지르며 결혼 소식을 축하해 줬다. 김바르도 쑥스럽게 웃으며 아이들에게 고맙다는 인사를 했다. 성찬이가 손을 들으면서 이야기했다.

"선생님 드디어 사랑에 성공하셔서 결혼까지 하게 되었는데, 우리에게 사랑의 비결을 알려 주시죠."

성찬이의 말에 아이들도 환호성을 질렀다. 김바르는 알았다고 말하며 아이들을 진정시켰다.

"사랑의 비결은……."

아이들이 귀를 쫑긋 세우고 김바르의 말에 주위를 기울였다.

"스피노자가 말하길 수동적 정서를 능동적 상태로 바꾸는 거야."

김바르가 스피노자를 언급하자, 아이들은 에이~ 하고 야유했다.

"스피노자를 잘 알면 사랑에도 성공한다니까. 내 말을 믿고 한번 들어 봐. 수동적 정서는 정서의 원인이 바깥에서 오는 거야. 사랑으로 이야기하면 사랑을 하는 것이 아니라 사랑을 받는 것이지. 문제는 그때 우리를 사랑하는 존재에 대해서 우리가 조절할 수 없다는 거야. 그래서 그 사람이 우리를 사랑해 주면 기뻐하고 무관심하면 슬퍼지는 거지. 심지어는 사랑을 받지 못한다는 생각 때문에 분노하기도 해."

성찬이는 김바르의 말을 들으며 뜨끔했다. 자신의 이야기를 하는 것 같았기 때문이다. 은희도 고개를 들어 김바르를 쳐다봤다.

"반면 능동적 정서는 정서의 원인을 우리가 온전히 이해하는 상태야. 원인을 온전히 이해했기 때문에 우리는 대상에 대해서 능동적으로 작용할 수 있게 되지. 수동적인 정서가 작용을 받는데 그치는 반면, 능동적인 정서는 작용을 하게 돼.[33] 사랑을 하는 거지. 그래서 어떤 시인은 말했잖아. 사랑을 받는 것보다 사랑을 하는 것이 행복하다고."

성찬이가 물었다.

"그러면 사랑을 못 받아서 화가 나는데, 복수를 하면 능동적인 건가요?"

김바르는 씩 웃으며 말했다.

"성찬이가 요즘 화가 많이 나는 모양이구나. 그건 능동적인 것과는 아무런 상관이 없어. 상대방의 부정적 반응에 부정적으로 반응할 뿐이니까, 복수가 아무리 시원하게 이루어졌다고 해도 반응의 결과일 뿐이니 수동적인 거지. 악을 악으로 갚는 것처럼 말이야.[34] 그러니까 그 여학생이 누군지는 모르지만 절대로 복수할 생각은 하지 말 것!"

성찬이는 머리를 긁적거리며 딴청을 비웠다. 이번에는 은희가 물었다.

"그러면 선생님, 사랑을 받는 건 나쁜 건가요? 꼭 해야만 하나요?"

김바르는 은희를 사랑스런 눈빛으로 쳐다보며 말했다.

"아니지. 사랑을 받는 것은 아름답고 기쁜 일이야. 우리 모두가 사랑을 받고 살잖아. 하지만 사랑을 받는 일은 상대방의 정서나 상태에 따라 변덕이 심해지기도 하지. 그래서 금세 기쁨이 슬픔으로 변하기도 하고 말이야. 우리는 사랑을 받는 것에 대한 자신의 반응을 능동적인 사랑이라고 착각해. 하지만 그것은 수동적인 거야. 사랑을 하는 것은 단순한 감정이 아니라 자신의 지성과 능력을 필요로 하는 일이지.

에리히 프롬이라는 철학자는 '이기심'과 '자기애'라는 말로 이 둘을 설명했어. '이기심'은 사랑의 결핍 때문에 생겨나는 감정이지. 뭔가 부족하기 때문에 끊임없이 사랑을 갈구하지만 결코 그 사랑은 채워지지 않아. 밑 빠진 독처럼 말이야. 하지만 '자기애'는 마치 샘물처럼 넘쳐 나는 사랑이야, 자기를 알고 진정으로 자기를 사랑하는 사람은 엄청난 사랑의 능력을 갖게 돼. 그 사랑이 넘쳐흘러 다른 사람에게까지 전파되지. 그런 사람은 슬픔에 빠지지 않아. 자신이 하는 사랑의 활동이 기쁨이 되기 때문이지.[35]"

영수가 은희를 힐끗 보며 이야기했다.

"사랑, 그것 참 쉬운 일이 아니네요?"

"그럼 세상에 소중한 것들은 다 쉽지 않아. 만약에 쉬운 일이었다면 누구나 성공했을 거야. 어렵고 드문 일이니까 열심히 노력해야겠지. 사랑도 마찬가지지. 사랑은 운이나 갑작스런 충동이 아니야. 첫눈에 반할 수는 있어도, 그 사랑을 이해하기는 참으로 힘들지. 그러니까 사랑을 하려면 외부의 힘에 의존하려는 버릇을 버려야 해. 다른 어른들도 사랑에 실패하는 이유가 외부의 힘에 의존하고 있기 때문이지. 그 사람이 좀 더 멋있거나 예쁘다면, 좀 더 좋은 학벌이었다면, 집안이 빵빵하다면, 능력이 뛰어나다면 하면서 조건을 달면 달수록 사랑은 더욱더 어려워지는 거야.[36] 정작 사랑은 자신의 문제인데 말이야. 진정으로 사랑하려면 자신의 힘과 능력을 봐야 해."

지우가 한참을 말없이 듣고 있다가 물었다.

"그런데 그게 선생님 생각이에요, 아니면 스피노자 생각이에요?"

김바르는 껄껄 웃으며 이야기했다.

"요즘 지우가 스피노자에게 부쩍 관심이 많이 가는 모양이구나. 나도 흥분하긴 흥분했나 보다. 모르겠다. 짬뽕이다."

그러자 지우도 웃으며 말했다.

"결혼이 좋긴 좋은 모양이군요. 선생님이 흥분하시는 걸 보면."

김바르의 얼굴이 살짝 붉어졌다. 아이들의 웃음소리가 터져 나왔다.

3.

영수는 오랜만에 가을맞이 방청소를 하려고 마음먹었다. 여름 내내 책상이며 침대며 옷장이 묵은 먼지와 때로 더러워져 있었다. 점심식사를 마치고 청소를 하려고 했는데, 엄마가 식사를 같이 하면서 영수에게 말했다.

"영수야, 방 청소 좀 해라. 그게 어디 사람 사는 방이냐, 돼지우리지. 모름지기 사람은 자기 주변 정리부터 해야 하는 거야. 공부를 하면 뭐 하냐, 먼저 인간이 해야 할 도리를 해야지."

영수 엄마의 꾸지람이 길어질수록 영수의 마음은 꼬부라졌다. 청소를 하려던 원래의 마음은 저 멀리 달아나고 있었다. 영수는 엄마의 입을 바라보며 귀찮은 듯 대꾸를 했다.

"알았어. 하면 될 거 아냐? 내가 무슨 앤가? 만날 이거 해라 저거 해라 잔소리만 늘어놓고."

"지금 그게 하겠다는 말투냐? 엄마한테 뭐라고? 잔소리? 네가 평상시에 잘했으면 내가 이런 소리를 하겠어? 뭐 하나 고분고분한 게 없어."

영수 엄마도 영수의 반항적인 말투를 듣고, 원래의 차분한 말투에서 톤이 높아졌다. 영수는 밥을 먹다 말고 숟가락을 놓고 "알았어. 알았다니까. 하면 될 거 아냐. 이제 그만 좀 해." 하며 일어나 방으로 들어가 문을 쾅 닫았다. 문 밖에서 엄마의 소리가 크게 들려왔다.

"저놈 좀 봐. 중학생밖에 안 된 놈이 이제 엄마한테 덤비네. 어디서 배워 먹은 버릇이야? 어서 나와 사과 안 해?"

영수는 물을 열지 않은 채로 소리 질렀다.

"알았어. 미안하다고, 미안하니까 이제 그만하자고. 지금 청소하면 되잖아."

침묵이 잠시 흘렀다. 밖에서는 더 이상 영수 엄마의 말소리가 들려오지 않았다. 영수 엄마는 식탁을 그대로 놓은 채 밖으로 나가 버렸다. 집 안에는 이제 영수밖에 없었다. 영수는 집 안의 무거운 공기를 느끼며 엄마한테 대든 것에 대해서 후회했다. 일부러 그런 것은 아니지만 이미 엎질러진 물이었다. 영수는 자기 방을 대충 청소했다. 마음이 사라지니 몸이 말을 듣지 않았다. 엄마와의 냉전은 제법 오래 갔다. 영수는 집 안에 있는 것이 마치 감옥에 있는 것 같았다.

토요일 오전, 영수는 일찍 집을 나섰다. 답답한 마음이 가시지 않았다. 엄마한테 사과를 하고 싶었지만 좀처럼 기회를 잡을 수 없었다. 자기가 왜 그렇게 엄마한테 심하게 했는지 자신도 알 수 없었다. 이게 말로만 듣던 사춘긴가 하는 생각도 해 봤지만, 그렇게 생각한다고 문제가 해결되는 것은 아니었다. 이런저런 생각을 하면서 걷다가 어느새 푸른꿈에 도착했다.

"영수가 아주 일찍 왔네."

김바르는 파라솔에 앉아서 책을 읽다가 영수를 보고 반갑게 맞이했다.

"안녕하세요."

영수가 시무룩하게 인사하자, 김바르는 걱정스레 물었다.

"난 안녕한데, 네가 안녕하지 않은 것 같다? 무슨 일 있니?"

영수는 김바르 옆에 앉아서 엄마와 있었던 일의 자초지종을 말했다. 김바르는 말없이 영수의 이야기를 듣고 있었다. 아이들이 한두 명씩 모이기 시작했다. 김바르는 영수의 어깨를 두드렸다.

"자, 날씨도 선선한데 들어가서 이야기하자."

아이들과 함께 영수는 공부방으로 들어갔다. 아이들이 자리에 앉자 김바르가 이야기를 꺼냈다.

"자, 지난 시간에 우리는 능동적 정서와 수동적 정서에 대해서 이야기를 해 봤어. 오늘은 그 이야기를 좀 더 해 볼까? 그전에 방금

전에 들었던 영수의 이야기를 같이 나눴으면 좋겠다. 영수야 괜찮겠지?"

영수는 말없이 고개를 끄덕였다.

"영수가 가을맞이 청소를 하려고 했는데, 엄마가 영수의 마음도 모르고 영수에게 청소를 시켰대. 그런데 영수가 갑자기 청소할 마음이 사라져 버린 거야. 그래서 엄마하고 싸웠다네."

이렇게 김바르가 이야기를 하자, 아이들은 이구동성으로 자기도 그런 경험이 있다며 한마디씩 거들었다. 공부를 하려는데 공부하라고 해서 공부하기 싫어졌다는 이야기, 게임을 이제 그만 해야지 생각했는데 혼나서 일부러 더 한 이야기 등 별의별 이야기가 쏟아져 나왔다.

"그래 그래. 누구나 그런 경험이 있을 거야. 그런데 왜 갑자기 마음이 변하게 되었을까?"

성찬이가 대답했다.

"그거야 내가 하면 기분이 좋지만, 남이 시키면 기분이 나쁘기 때문이지요."

"맞아. 누구나 그렇지. 내가 하면 기쁜데, 남이 시키면 화가 나지. 그게 바로 능동과 수동이야. 우리 스스로 신체의 주인이 될 때 우리는 능동 상태가 되지. 하지만 다른 것에 의해서 내 신체가 지배를 받으면 우리는 수동 상태가 돼. 그러면 갑자기 신체 능력이 현저히 떨어지게 되지. 게임을 할 때는 밤을 새도 아무 문제가 없는데, 공부만 하려하면 졸리고 피곤한 것도 바로 그런 이유 때문이야."

아이들은 모두 고개를 끄덕였다.

"신체뿐만 아니라 정신 또한 마찬가지야. 어떤 일이나 사태를 정확히 파악하고 생각할 때 우리 정신은 능동 상태가 되고, 도대체 무슨 일이 벌어지고 있는지 모를 때 우리 정신은 수동 상태가 되지. 능동 상태에서는 당당하게 행동할 수 있는데, 수동 상태에서는 도대체 뭘 해야 할지 모르게 되지. 낯선 장소에 가거나 낯선 상황에 빠지면 당황하는 것도 그런 이유 때문이야."

그러자 성찬이가 말했다.

"맞아요. 저녁 늦게 아파트 엘리베이터를 탔는데, 험상궂게 생긴 아저씨가 뒤따라 타는 거예요. 그래서 겁먹고 있는데, 그 아저씨가 내가 사는 5층의 버튼을 누르는 거예요. 그래서 더 겁먹었죠.[37] 그런데 알고 봤더니 바로 제 옆집에 사시는 아저씨인 거 있죠."

김바르가 웃으며 성찬이에게 물었다.

"그래서 어떻게 됐어?"

"어떻게 되긴요. 제가 무안하게 인사를 하니까, 아저씨가 웃으며 인사를 하시더라고요."

성찬이가 이렇게 대답하자, 자기도 그런 일이 있었다면서 맞장구를 치면서 아이들이 웃었다.

"그래, 낯선 아저씨가 공포의 대상이 되었다가 어느새 반가운 이웃이 되었네. 정신이 수동 상태가 되었을 때는 신체가 겁먹었는데, 정신이 능동 상태가 되니까 반갑게 인사를 하게 된 사례라 할 수 있지.[38]"

아이들은 공감한다는 듯 고개를 끄덕였다.

"그런데, 공포의 정서와 반가움의 정서가 그 아저씨 자체에서 온 것일까? 아니면 성찬이의 마음에서 온 것일까?"

"그야 제 마음에서 온 거겠죠."

성찬이의 대답에 김바르가 말을 이었다.

"맞았어. 이처럼 인간이 갖는 정서는 매우 불안정한 거야. 대상에 대한 정확한 이해가 없는 상황에서는 말이야. 그렇다면 그러한 정서에 따라 행동하는 것은 정당할까?"

이번에는 은희가 대답했다.

"그러한 행동 또한 정당하지 않을 것 같아요. 자기의 상상에 따라 미리 판단하고 행동하는 것이니까요."

"좋았어. 그렇다면 우리는 이렇게 말할 수 있겠네. 자기 맘대로 상상하고 행동하게 하는 혼란되고 수동적인 정서에 의존하지 말고 자기 자신과 대상에 대하여 명확히 이해할 수 있는 능동적인 정신에 의존하는 것이 좋다고. 그럴 때 우리의 신체와 정신은 더 큰 능력을 발휘할 수 있다고 말이야.[39]"

영수가 손을 들어 물었다.

"그런데 선생님 말씀하고 제가 엄마하고 싸운 거 하고 무슨 관계가 있나요?"

김바르는 은희를 바라보고 말했다.

"우리 똑똑한 은희가 영수에게 이야기해 줄래? 나는 네가 정리해 줄 수 있을 것 같은데."

은희가 수줍은 듯, 자신의 메모장을 바라보며 이야기했다.

"지금까지 이야기를 영수에게 적용시켜 보면, 영수가 엄마에게 화를 낸 것은 엄마 자체에서 온 거라기보다는 영수의 불안정한 정서에서 발생한 거라고 볼 수 있어요. 영수는 엄마를 이해하려 하기보다는 영수의 감정에 따라 판단하고 행동한 거지요. 그러니까 영수의 신체도 정신도 모두 수동적인 상태에서 발생한 사건이라고 볼 수 있겠네요."

김바르가 박수를 쳤다. 아이들도 따라 박수를 쳤다.

"우리 은희가 나중에는 훌륭한 철학자가 되겠는 걸. 아참 은희는 작가가 된다고 했지? 어쨌든 수동적 정서에 사로잡혀서 사건을 마무리 짓지 못하고 질질 끌기보다는 영수의 능동적 정신의 힘으로 신체를 움직여야 할 것 같은데. 수업이 끝나면 엄마에게 가서 사과하고 화해할 것!"

그러자 영수가 억울하다는 듯이 말했다.

"선생님, 저야 그렇다고 치더라도, 엄마도 수동적인 정서에 사로잡혀서 지금까지 화를 안 푸시는 거 아닐까요? 저한테만 일방적으로 말하는 건 정당하지 않은 것 같은데요?"

김바르는 웃으며 연극 조로 말했다.

"그래서 사태를 질질 끌면 기쁘냐, 슬프냐? 수동적 정서에 사로잡혀 슬픔을 지속할 것이냐? 아니면 능동적 정신의 능력을 발휘해서 엄마를 이해하고 기쁨을 만들어 갈 것이냐? 아, 햄릿이 생각나는구나. 죽느냐 사느냐 그것이 문제로다. 스피노자라면 이렇게 말할 걸. 기쁘냐 슬프냐 그것이 문제로다."

영수는 김바르의 과장된 몸짓을 보면서, 웃음이 픽하고 새 나왔다. 영수의 마음이 한결 가벼워졌다. 다른 아이들도 김바르의 모습에 웃음을 터뜨렸다. 영수는 집으로 가는 길에 용돈으로 장미꽃 한 송이를 샀다. 엄마한테 화해의 메시지를 전하기 위해.

4.

푸른꿈의 텃밭은 이제 가을맞이 정리가 한창이다. 여름 내내 자라던 작물을 갈무리하고, 겨울철에 먹을 김장거리를 심었다. 끝물이었지만 고추며, 오이며, 호박이며, 각종 쌈채소가 그득하니 거둬졌고, 작물을 지탱하기 위해 세워 놓은 지지대도 차곡차곡 뽑아서 창고에 보관했다. 그렇게 비운 텃밭을 다시 곡괭이로 밭을 만들고, 거름을 듬뿍 주었다.

밭은 몇 년 동안 화학 비료와 농약을 치지 않아서 온갖 벌레가 자연 그대로 서식하고 있었다. 땅을 만지면 보슬보슬하니 기름졌다. 그곳에 김장 배추 모종과 대파, 쪽파, 김장무, 열무, 갓 등 김장거리를 심었다. 가을 내내 이 작물들이 잘 자라면 거기서 거둔 김장거리로 김치를 담근다. 그렇게 담근 김치는 푸른꿈의 겨울 반찬이 될 뿐 아니라 인근의 양로원이나 고아원으로 보내져 따뜻한 마음이 전달될 것이다. 영수를 비롯한 푸른꿈의 아이들은 자신들의 손으로 일궈진 밭을 보며 흐뭇한 미소를 나누었다.

김바르는 아이들을 텃밭 창고에 모아 놓고 준비해 간 김밥을 돌렸다. 일한 후에 먹는 음식은 꿀맛이었다.

"고생이 많았다. 너희 덕분에 넉넉한 가을을 맞이할 것 같다. 영수하고 성찬이도 이제 제법 일꾼이 되었는걸. 자 고생한 우리 모두를 위해서 박수를 치자."

아이들은 환호성을 지르며 박수를 쳤다. 김바르가 영수를 보면서 "영수야, 밭일 하니까 기분이 어떠냐?" 하고 묻자, 영수는 웃으며 말했다.

"처음에 밭에 나왔을 때에는 그냥 마트에서 사 먹으면 되지 왜 이렇게 고생을 하나 싶었어요. 여름철에 더위 먹어가며 벌레한테 물려 가며 일할 때는 도망가고도 싶었고요. 하지만 이제는 생각이 좀 바뀌었어요. 특히 유기농으로 키운 작물을 먹다 보니까 마트에서 사 먹는 작물하고는 비교도 할 수 없을 정도로 향도 짙고 맛도 강하더라고요. 비록 마트에 진열되어 있는 채소처럼 예쁘고 흠 없는 것은 아니지만, 벌레 먹고 못생긴 채소가 훨씬 맛있다는 것도 알게 되었어요. 이제는 오히려 잘생기고 미끈한 채소를 보면 농약을 얼마나 쳤을까 걱정까지 되더라고요."

아이들도 고개를 끄덕였다.

"선생님 저는 밭에서 일하고 근육이 생겼어요. 보세요."

성찬이가 냉큼 팔뚝을 보이며 알통 자랑을 했다. 옆에서 지켜보던 아이 하나가 "지우 형 근육을 못 봐서 그래. 형 근육 좀 보여 줘." 하고 부추기자, 지우가 일어나 근육을 만들어 보였다. 아이들은 와우 하며 박수를 쳤다. 김바르는 이 모습을 보고 웃으며 칭찬해 주었다.

"그래 지우 근육도 멋있고, 성찬이도 멋진 근육이 생겼는걸."

칭찬을 듣고 기분 좋은 지우가 웃으며 말했다.

"성찬이도 이제 곡괭이질 하는 실력이 많이 늘었어요. 아까 밭 만들 때 보니까 제법 폼이 나더라고요."

지우의 칭찬에 성찬이는 으쓱하면서 지우를 향해 엄지를 치켜올렸다.

"그래, 하기 싫은 일을 할 때는 힘만 들고 기분도 안 좋아지지만, 자기가 왜 그 일을 해야 하는지 아는 사람은 힘이 들더라도 기분 좋게 일할 수 있어, 영수 말마따나 마트에서 사 먹으면 되지 왜 밭일을 하나 싶을 때는 일도 재미없고 힘들지. 하지만 유기농으로 작물을 키우는 이유를 알게 되었을 때는 일하는 재미도 있고 힘도 덜 들게 되는 거야. 앎은 우리의 능력을 키워 주는 매우 중요한 것이야."

김바르의 말에, 성찬이가 웃으며 덧붙인다.

"알아야 면장한다는 말이 거기서 나온 건가요?"

성찬이의 썰렁한 유머에 아이들은 일부러 성찬이를 외면하는 척

했다. 김바르는 성찬이에게 웃음을 던지며 말했다.

"성찬이의 유머는 실패! 어쨌든 앎은 우리가 대상과 어떠한 관계를 맺어야 할지 깨닫게 하지. 그래서 그 대상과 능동적 관계를 맺게 함으로써 기쁨을 생산할 수 있어. 너희가 밭에 나와 열심히 일하면서 보람과 기쁨을 느끼는 것처럼 말이야. 밭일은 힘들지만 기쁨을 주지. 그렇게 앎은 기쁨을 주는 거야."

은희가 김바르에게 물었다.

"선생님, 앎이 꼭 기쁨을 주나요? 때로 알게 되면 더 힘든 경우도 있지 않을까요?"

"그렇구나. 그렇게 생각할 수도 있겠구나. 하지만 나는 앎이 기쁨이라는 입장을 버리지 않을 거야. 왜 그럴까? 첫째, 앎은 그 자체가 우리에게 기쁨을 주니까. 앎은 혼돈스럽고 혼란한 상태에서 우리를 벗어나게 해 주지. 세상을 분명하게 이해하고 볼 수 있게 해 주잖아. 둘째, 앎은 고통스런 상황을 이해함으로써 고통에서 벗어날 수 있도록 행동하게 해 주지. 그런 의미에서 앎은 고통이 아니라 고통에서 벗어날 수 있는 능력이야. 고통을 수동적으로 받아들이는 것이 아니라 고통에 능동적으로 대처할 수 있게 해 주는 것이 앎이야."

은희가 말했다.

"지행합일이네요. 앎이 행동이다. 뭐 이렇게 정리되나요?"

김바르가 은희를 칭찬했다.

"은희는 정말 대단한데. 이렇게도 말할 수 있어. 행동이 곧 앎이다. 스피노자는 정신과 신체를 하나로 보았거든.[40] 정신의 능동성은 신체의 능동성으로 반드시 드러나고, 신체의 능동성은 또 다시 정신의 능동성을 강화시키지. 건강한 정신과 건강한 신체는 앎의 양면이야. 악기를 연주하거나, 운동을 하거나, 등산을 할 때 우리는 우리의 정신과 어울리는 신체의 모습을 볼 수 있어. 기타리스트는 기타를 잘 알고 그 기타에 적합한 자신의 몸을 만들어 나가지. 수영 선수는 물을 잘 이해하고 거기에 알맞은 몸동작을 만들잖아. 정신 능력과 신체 능력은 이렇게 병행해서 생기는 거야.[41]"

그러자 은희가 이어 물었다.

"스피노자는 앎에 대해서 정말 많은 말을 한 것 같아요. 스피노자에게 앎은 뭔가요?"

김바르는 감탄하며 말했다.

"우와! 은희가 이제는 스피노자에 흠뻑 빠진 것 같은데. 조금 어렵지만 한번 이야기해 보자. 스피노자는 인간에게는 세 종류의 인식이 있다고 보았어. 첫째가 막연한 경험에서 생겨난 인식인데, 그러한 인식은 인간의 감각을 통해서 손상되고 혼란스럽고 무질서하게 생겨난 거야. 이러한 인식을 스피노자는 의견 또는 표상이라고 불렀지.[42] 예를 들면 인상이 험상궂게 생긴 사람은 성격도 이상할 것이라고 막연하게 생각하지. 한편 잘생긴 사람은 성격도 좋을 것이라고 생각하기도 해. 하지만 세상을 살다 보면 이러한 생각이 얼마나 많은 오류를 범하는지 알 수 있지.[43] 잘생긴 사기꾼이 참 많거든."

이렇게 말하자 성찬이가 끼어들었다.

"맞아요. 우리 아빠는 친구 분한테 사기를 당했는데, 제가 그분을 보니까 정말 잘 생겼어요."

아이들은 김바르와 성찬이의 말에 자신의 경험담을 한마디씩 하며 공감을 표시했다.

"두 번째 인식은 우리가 대상에 대하여 타당한 생각을 갖게 되는 것인데 우리가 보통 이성적 사유를 통해서 얻게 되는 앎을 이야기하지. 우리가 이해한다, 깨달았다는 말은 바로 이러한 이성적 인식을 뜻하는 거야. 스피노자는 감각으로부터 오는 인식이 아니라 이성으로부터 오는 인식을 참다운 것으로 보았어.[44] 그래서 사람들은 스피노자가 이성을 강조했기 때문에 합리주의자라고 평가하기도 하지. 합리주의자들은 경험보다는 이성을 중요하게 생각하거든."

은희가 메모장에 김바르의 이야기를 받아 적으며 물었다.

"그럼 세 번째 인식은요?"

"은희의 학구열에 박수를 보내고 싶구나. 스피노자는 세 번째 인식을 '직관지'라고 말했어. 신에 대한 인식이라고 말하면 너희가 놀라려나?"

"신에 대한 인식이라고요. 그게 정말 가능해요?"

은희는 놀라며 물었다.

"스피노자는 그렇게 생각했어. 우리의 정신이 수동적인 정서에 사로잡히지 않고 분명한 관념을 형성하게 될 경우, 그에 따라 우리의 신체도 수동적이지 않고 능동적으로 변할 수 있다고 말이야. 그리고 우리의 정신이 모든 것을 필연적인 것으로 인식하게 되면, 우리는 신을 이해할 수 있고,[45] 신을 사랑할 수 있게 된다고 말했지.[46] 그렇게 되면 우리는 세상을 시간과 장소에 따라 늘 변화하는 모습이 아니라 신의 '영원한 상 아래에서' 파악할 수 있다고 보았어.[47] 신에 미친 스피노자답지?"

그러자 성찬이가 말했다.

"결국 인간이 신에 대한 인식까지 할 수 있다는 말이네요. 멋지긴 한데 정말 어렵네요."

김바르는 고개를 끄덕이며 대답했다.

"그렇지? 어쨌든 스피노자는 두 번째 인식과 세 번째 인식을 정신의 진정한 능력으로 보았어. 그래서 인간은 첫 번째 인식이 아니라 두 번째와 세 번째 인식을 통해서 참과 거짓을 구분할 수 있다고 말했지.[48]"

"아이고 머리야. 머리가 터져 버릴 것 같아요. 계속하다가는 방금 전에 먹었던 김밥이 도로 나올 것 같아요."

지우가 머리를 쥐어뜯는 시늉을 하며 엄살을 피웠다. 그러자 김바르는 지우를 보고 말했다.

"그래 이 이야기는 여기서 멈추자. 한 술 밥에 배부를 수는 없으니까. 하지만 나는 지우가 신에 대해서 가장 잘 파악할 수 있다고 생각하는데."

이 말을 들은 지우는 깜짝 놀라며 물었다.

"정말이요? 어떻게요?"

김바르는 웃으며 대답했다.

"스피노자는 '많은 것에 대하여 적합한 신체를 가진 자는 그 가장 큰 부분이 영원한 정신을 소유한다.'[49]라고도 말했거든. 내가 보기에 우리 중에서 정말 많은 것에 적합한 신체를 가진 사람은 바로 지우 같은데. 지우는 안 그렇게 생각하나 봐."

지우는 금세 반색을 하며 말했다.

"아니요. 선생님의 의견에 전적으로 동의합니다."

"그런데 이제 보니까 지우가 이랬다저랬다 하는 것으로 봐서는 아직까지도 혼란스런 첫 번째 인식에 사로잡힌 것처럼 보이네. 앞에 한 내 말은 취소다."

김바르가 지우를 놀리자 지우도 반격했다.

"선생님도 저에 대해서 이랬다저랬다 하는 것으로 봐서는 저와 같은 수준인 것 같은데요."

김바르는 항복한다는 듯 손을 번쩍 들고 껄껄 웃었다. 지우와 아이들도 따라 웃었다. 텃밭 창고에서 진행된 철학 수업은 이렇게 끝이 났다.

텃밭에서 떠나는데 새로 심어 놓은 배추 모종들이 선선한 바람에 손을 흔들고 있었다. '안녕, 신의 아이들!' 하고 말하는 것 같았다.

5.

김바르의 결혼식 준비가 한창이다. 김바르는 스승 박선환을 단골 실내 포장마차에서 만났다. 박선환은 김바르에게 막걸리를 따라 주며 물었다.

"잘 진행되고 있지?"

"네 주변에서 열심히 도와주고 있어요."

박선환은 조용히 막걸리 잔을 비우고 말했다.

"고맙네."

"선생님, 오히려 제가 고맙습니다. 선생님과 은혜가 아니었더라면 지금의 저는 없었을 겁니다."

박선환은 조용히 김바르의 손을 꼭 쥐었다.

"내가 큰 근심 하나를 자네 덕분에 더네. 젊었을 때는 말썽만 피우더니 이제야 사람값을 하네 그려."

"아이쿠, 선생님도."

둘이는 껄껄 웃으면서 막걸리 잔을 부딪혔다. 주점 주인이 새로운 안주 하나를 내오더니, 이번 안주는 공짜라고 웃으며 내려놓았다. 갑자기 박선환이 벌떡 일어나 주변 손님들에게 큰 소리로 외쳤다.

"주점에 계신 여러분. 공지 사항이 있습니다. 내가 오늘 아주 기분이 좋은 날입니다. 왜냐? 바로 여기 내 앞에 앉은 이 사람이 앞으로 내 사위가 될 사람이니까요. 내 사위 김바르를 소개합니다."

주위에서 박수를 치며 축하해 주었다. 박선환은 주점 주인에게 손님 모두에게 막걸리 한 잔씩을 돌리라며 부탁하고 결혼식에 하객으로 오라고 초대했다. 사람들은 박수를 치며 초대만 하면 가겠다고 이구동성으로 말했다.

"초대장은 내가 여기 주점에다가 아예 박스째 갖다 놓겠습니다. 돈 가지고 오지 마세요. 결혼식 음식은 모두 공짭니다."

사람들은 더욱 크게 박수를 쳐 주었다. 그러고는 너나 할 것 없이 김바르와 박선환의 자리로 와서 막걸리 한 잔씩을 축하주로 따라 주었다. 박선환은 기분이 좋다며 따라 주는 술을 남김없이 받아 마셨다.

김바르가 스승을 모시고 밖으로 나왔을 땐 이미 스승은 취해 있었다. 평소에 점잖으시던 선생님이 이렇게까지 취한 것은 처음이라고 김바르는 생각했다. 하지만 기분은 좋았다. 사실 김바르도 박선환만큼은 아니어도 이미 자신의 주량을 훌쩍 뛰어넘어 있는 상태였다.

기쁨이란 별 게 아니었다. 같은 꿈을 꾸는 사람들과 소박하게 살아가는 것, 많은 재산이나 높은 지위 따위와는 상관없는 것, 신을 이해하는 마음으로 세상을 보는 것, 그리고 용감하게 한 걸음 한 걸음 그 길을 향해 걸어가는 것! 김바르는 선생님을 부축하고 지금 그 한 걸음 한 걸음을 걸어가고 있다고 생각했다.

영수가 푸른꿈에 갔을 때는 김바르의 축가 연습이 한창이었다. 아이들은 무용을 만들어 동작도 맞췄다. 푸른꿈 센터장은 아이들에게 무대 의상을 맞춰 주기로 했다. 아이들은 환호성을 질렀다. 그때 마침 김바르가 들어왔다. 아이들은 김바르의 주위를 둘러싸고 이것저것 궁금한 것들을 물었다. 김바르는 답해 주며 환하게 웃었다. 아이들을 교실로 데리고 들어가 자리에 앉혔다.

"오늘이 총각으로는 마지막 수업이구나. 내가 너희가 만날 노총각이라고 놀려서 결혼식을 서둘렀다. 결혼식 준비로 바쁘지만 그래도 수업은 해야겠지? 오늘은 무슨 이야기를 해 줄까?"

지우가 손을 들고 말했다.

"선생님 결혼식이 끝난 다음에 계획은 어떻게 되요? 설마 푸른꿈을 그만두는 건 아니죠?"

김바르는 손을 저으며 말했다.

"그만 두긴 내가 왜 그만 둬, 푸른꿈이야말로 내가 잃어버린 꿈을 실현할 수 있는 곳인데."

"정말이요? 선생님 꿈이 무엇이었는데요?"

은희가 김바르를 쳐다보며 물었다.

"내 꿈은 기쁨에 찬 자유로운 인간의 공동체를 만드는 거였어. 어쩌면 스피노자의 꿈이기도 하지."

김바르가 침착하게 말했다.

"결국 또 스피노자네요."

지우가 웃었다.

"그러게 말이다. 스피노자는 참 매력적인 사람이니까."

"그래도 결혼식은 스피노자하고 안 하고 다른 분하고 하잖아요."

성찬이가 말하며 킬킬댔다. 아이들도 따라서 웃었다.

은희는 혹시나 김바르가 결혼 후에 푸른꿈을 떠나면 어쩌나 걱정했었는데, 계속 있겠다는 이야기를 듣고 안도하면서, 스피노자 이야기를 좀 더 해 달라고 부탁했다. 김바르는 은희를 사랑스런 눈으로 쳐다보았다. 아마도 여기 있는 아이 중에서 스피노자랑 가장 친하게 될 아이가 아닐까 생각했다.

"스피노자가 생각하는 자유로운 인간은 공포에 이끌리는 사람이 아니라 이성에 이끌리는 사람이야. 그런 사람은 악을 멀리하고 선을 추구하지. 그리고 자신의 능력을 키울 수 있는 기쁨을 위해 노력하는 사람이야. 그러한 사람은 자신의 행복을 위해 최선을 다하여 행동하고 생활하는 사람이지.[50]"

그러자 성찬이가 물었다.

"선생님 말씀을 들으니 자유로운 사람은 이기적인 사람인 것 같은데요. 공동체를 추구하는 사람은 자신의 행복보다는 남의 행복을 늘 염두에 두어야 하는 거 아닌가요?"

김바르가 대답했다.

"보통 공동체하면 개인보다는 집단의 이익을 우선한다고 생각할지 모르지만, 스피노자는 그렇게 생각하지 않았어. 진정 자유로운 사람은 이성에 따라 살아가는 사람이야. 이런 사람은 수동적인 욕망에 따라 살아가는 사람보다 더욱 자신의 욕망을 잘 이해하고, 충실하게 살아가기 때문에 다른 사람에게도 유익하다고 생각했지.[51] 왜냐하면 인간은 인간과의 관계에서 가장 큰 기쁨을 맛볼 수 있으니까. 만약에 자신의 기쁨을 위해 다른 사람을 슬프게 만들면, 그 슬픔의 정서는 다른 사람을 수동적으로 만들 뿐만 아니라, 그러한 슬픔의 정서가 다시 자신에게 영향을 미치게 되지. 하지만 이성에 따르는 사람은 기쁨과 기쁨이 만나는 관계를 통해 가장 완전한 삶을 살아갈 수 있다는 것을 알고 있지. 그러기에 서로에게 진실로 유익하게 되기 위해 노력할 수밖에 없는 거야.[52]"

그러자 은희가 말했다.

"그러니까 스피노자는 수동적 정서에 따른 이기주의자가 아니라 이성에 따른 이기주의자네요."

김바르는 박수를 쳤다.

"와우, 은희는 내가 잠시 자리를 비우는 동안 선생님 역할을 해도 괜찮을 것 같은데. 멋진 정리였어."

이번에는 아이들이 박수를 쳤다. 이번에는 영수가 물었다.

"그러면 우리 푸른꿈이 그런 곳이란 말인가요? 우리가 자유로운 사람인가요?"

김바르는 찡긋 웃으며 말했다.

"그건 영수가 스스로에게 물어봐야할 것 같은데? 하지만 선생님은 믿어요. 우리가 그동안 스피노자를 공부하면서 많이 변했잖아. 슬픔에서 기쁨으로 바꾸는 것이 무엇인지도 배우고, 신체와 정신의 능력을 키우는 법도 배웠지. 수동적 정서에 사로잡히지 않고 능동적 이성의 소리에 귀 기울이는 법도 배웠고 말이야. 참다운 앎을 향해서 우리는 한 걸음 한 걸음 전진해 온 거야. 나는 우리가 충분히 자유로운 사람일 수 있는 자격이 있다고 생각하는데, 너희는 어떠니?"

아이들은 웃으며 박수로 대답했다.

"이제 우리는 알고 있어. 사람의 마음은 무기에 의해서가 아니라 사랑에 의해서 정복된다는 것을.[53] 그리고 친교와 우정이야말로 우리를 긴밀하게 묶어 주는 역할을 할 거라는 것을.[54] 우리는 더 이상 수동적으로 끌려 다니는 노예가 아니라 능동적으로 행동하는 자유인이라는 것을. 나는 너희하고 이 푸른꿈에서 자유로운 인간의 공동체를 이미 이루었고, 앞으로도 계속 이루어갈 것이라는 것을 알아. 그동안 나랑 스피노자랑 즐겁게 지냈던 우리 모두에게 박수를 쳐 주자."

김바르가 힘차게 박수를 치자, 아이들도 환호성을 지르며 박수를 쳤다.

[29] "확실히 사람들이 일반적으로 가정하는 다음의 것, 즉 모든 자연물이 자신들처럼 목적 때문에 행위한다는 가정에 의존한다." –『에티카』 1부 부록

[30] "실재와 완전함에 대해 나는 양자가 동일한 것이라고 생각한다." –『에티카』 2부 정의 6

[31] "완전성과 불완전성은 사실 사유의 양태들, 즉 우리가 같은 종 혹은 같은 유의 개체를 서로 비교한 결과 고안해 낸 개념들일 뿐이다." –『에티카』 3부 서문

[32]『에티카』 3부 정서의 정의 2

[33] "나는 정서를 신체의 활동 능력을 증대시키거나 감소시키고, 촉진하거나 저해하는 신체의 변용인 동시에 그러한 변용의 관념으로 이해한다. 그러므로 만일 우리가 그러한 변용의 어떤 타당한 원인이 될 수 있다면, 그 경우 나는 정서를 능동으로 이해하며 그렇지 않을 경우는 수동으로 이해한다." –『에티카』 3부 정의 3

[34] "증오는 증오의 보복에 의하여 증대되고 반대로 사랑에 의하여 제거될 수 있다." –『에티카』 3부 정리 43

[35] "정신은 자기 자신과 함께 자신의 활동 능력을 고찰할 때 기쁨을 느낀다. 그리고 자기 자신과 함께 자신의 활동 능력을 더 명확하게 표상하면 할수록 더 큰 기쁨을 느낀다." –『에티카』 3부 정리 53

[36] "무지한 자는 외적 원인에 따라 여러 가지 방식으로 동요되어 결코 영혼의 참다운 만족을 갖지 못할 뿐만 아니라 자신과 신과 사물을 거의 의식하지 않고 살며, 작용받는 것을 멈추자 마자 존재하는 것도 멈춘다." –『에티카』 5부 정리 42 증명

[37] "각 사물은 우연히 희망이나 공포의 원인이 될 수 있다." –『에티카』 3부 정리 50

[38] "수동적인 정서는 우리가 그것에 대해 명석 판명한 관념을 형성하는 순간 더 이상

수동적이지 않다." – 『에티카』 5부 정리 3

[39] "정신은 모든 것을 필연적인 것으로 인식하는 한에서 정서에 대하여 더 큰 힘을 가지거나 정서의 작용을 덜 받는다." – 『에티카』 5부 정리 6

[40] "우리가 명료한 개념을 형성할 수 없는 신체의 변용은 없다." –『에티카』 5부 정리 4

[41] "더 많은 사물에 적합한 신체를 가진 이는 그만큼의 영원한 부분을 가진 정신을 소유한다." – 『에티카』 5부 정리 39

[42] 『에티카』 2부 정리40 주석2

[43] "첫 번째 종류의 인식은 오류의 유일한 원인이다." – 『에티카』 2부 정리 41

[44] 『에티카』 2부 정리40 주석2

[45] "우리는 개물을 많이 인식하면 할수록 신을 더 많이 인식한다. 또는 신에 대한 이해를 그만큼 더 많이 가진다." – 『에티카』 5부 정리 24

[46] "자기 자신과 자신의 정서를 명석 판명하게 인식하는 사람은 기쁨을 느끼며, 그 기쁨은 신의 관념을 동반한다. 그러므로 그는 신을 사랑한다. 그리고 그는 (똑같은 이유로 의하여) 자기 자신과 자신의 정서를 많이 인식할수록 신을 더욱 사랑한다." – 『에티카』 5부 정리 15 증명

[47] "우리가 사물을 현실적인 것으로 파악하는 데는 두 가지 방식이 있다. 즉 사물을 특정한 시간과 장소에 연관시켜 존재하는 것으로 파악하든가 아니면 사물을 신 안에 포함되어 있으며 신적 본성의 필연성에 따라 생기는 것으로 파악하는 방식이다." – 『에티카』 5부 정리 29 주석

[48] 『에티카』 2부 정리 42

[49] 『에티카』 5부 정리 39

"여러 활동에 적합한 신체를 가진 사람은 나쁜 정서에 거의 사로잡히지 않는다. 그러므로 그는 신체의 변용을 지성에 일치하는 질서에 따라서 질서 잡고 연결하는 힘을, 따라서 신체의 모든 변용을 신의 관념에 관계시키는 힘을 소유한다." – 『에티카』 5부 정리 39 증명

[50] 『에티카』 4부 정리 67 증명

[51] "각 인간이 자기에게 유익한 것을 가장 많이 추구할 때 인간은 서로에게 가장 유익하다." – 『에티카』 4부 정리 35 보충2

[52] 『에티카』 4부 정리 71 증명

[53] 『에티카』 4부 부록 제 11항

[54] 『에티카』 4부 부록 제 12항

김바르의 결혼식 준비는 착착 진행되었다. 결혼식은 호수공원에 있는 작은 원형 공연장에서 갖기로 했다. 축가는 푸른꿈 아이들이 준비했다. 결혼식 음식은 평소에 박선환의 지성문고를 이용하던 아주머니들과 푸른꿈 선생님들이 마련해 주기로 했다.

초대장은 약속대로 박선환의 단골 실내 포장마차에 전달되었고, 결혼을 축하해 주는 하객이라면 누구든지 참석할 수 있도록 했다. 물론 축의금은 일절 받지 않기로 했다.

결혼식 당일, 영수는 축가를 준비하기 위해 먼저 호수공원으로 갔다. 사회는 이성숙 푸른꿈 센터장이 맡았고, 주례는 박선환이 맡기로 했다. 신부 아버지가 주례를 맡는 것은 유례없는 일이었지만, 김바르와 신부 은혜의 강권으로 마지못해 허락했다.

드디어 결혼식. 공연장에 마련된 확성기에서 결혼식의 시작을 알리는 음악이 울려 퍼졌다. 하객들에게 마련된 자리는 이미 꽉 차 있었고, 호수공원에 운동하러 온 사람들도 결혼식이 진행되자 신기한 듯이 서서 구경하였다.

신부 박은혜의 자녀 둘이 꽃을 뿌리며 먼저 입장하였다. 그리고 그 뒤를 이어, 신랑 김바르와 신부 박은혜가 손을 맞잡고 등장하였다. 사람들은 박수를 치며 환호성을 질렀다. 푸른꿈 아이들의 환호성이 가장 크게 들렸다.

"신랑 신부에게 저렇게 큰 자식들이 있었네. 혼숫감을 아주 일찍부터 마련했나 봐."

"그러게 말이에요. 저 아이는 아빠를 꼭 빼닮았네."

내막을 알지 못하는 사람들이 웃으며 말을 쏟았다. 다른 사람들도 웃으며 호응했다. 사회자로부터 주례가 소개되었다. 박선환이 주례석으로 가 섰다.

"바쁘신 와중에도 결혼식에 참석해 주신 여러분께 신랑의 선생이자 신부의 아빠로서 감사의 말씀을 전합니다. 원래 제가 있어야 할 곳은 이 자리가 아니라 저기 앞자리인데, 불효막심한 이 신랑 신부가 억지로 나를 끌고 와 이 자리에 서게 되었습니다. 제가 나이가 많이 먹어 무릎 관절이 성치 않은 까닭에 주례사를 길게 하지 못합니다. 여러분은 좋으시죠?"

하객들은 박수를 치며 웃었다.

"신랑은 작은 안경점을 하는 노총각이고, 신부는 이미 결혼에 한 번 실패한 돌싱입니다. 게다가 아이가 둘이나 있지요. 이런 사정을 참

작해 보았을 때 신부 아빠인 저로서는 봉을 잡은 거라 생각합니다. 여러분의 생각은 어떻습니까?"

잠시 술렁임이 있었지만, 사람들은 박수를 치며 호응해 주었다. 개중에는 신부가 예뻐서 훨씬 아깝다는 말도 튀어 나왔다.

"저기 신부 편을 드신 분은 나중에 천국에서 큰 축복이 있을 것입니다. 이따 식사 하실 때 따블로 하시기 바랍니다. 소화제도 준비해 놓았으니까."

알았습니다! 하객 가운데서 한 사람이 손을 흔들며 호응하였고, 이에 따라 웃음과 박수가 터져 나왔다.

"신랑 신부 이 두 사람이 결합되기까지 멀고 먼 길을 따로 걸어야 했습니다. 하지만 이제 하나님이 정해 주신 운명대로 이 두 사람이 함께하게 되었습니다. 저로서도 감개무량하고 여러분도 기쁜 마음으로 축하해 주시기 바랍니다."

다시 박수가 터져 나왔다.

"앞으로 어떻게 살 것인지는 신랑 신부가 잘 상의해서 살 것이고 제가 이렇게 살아라 저렇게 살아라 한들 귓등으로나 듣겠습니까? 그러니 괜한 헛수고 하지 않고 저는 성경 구절을 낭송하는 것으로 주례사를 갈음할까 합니다."

언제 준비했는지, 조용히 배경 음악이 흘렀다.

"이제 제가 가장 좋은 길을 여러분에게 보여 드리겠습니다.

내가 사람의 모든 말과 천사의 말을 할 수 있을지라도,

내게 사랑이 없으면, 울리는 징이나 요란한 꽹과리가 될 뿐입니다.

내가 예언하는 능력을 가지고 있을지라도,

또 모든 비밀과 모든 지식을 가지고 있을지라도,

또 산을 옮길 만한 모든 믿음을 가지고 있을지라도,

사랑이 없으면, 아무것도 아닙니다.

내가 내 모든 소유를 나누어 줄지라도.

내가 자랑삼아 내 몸을 넘겨줄지라도,

사랑이 없으면, 내게는 아무런 이로움이 없습니다.

사랑은 오래 참고, 친절합니다.

사랑은 시기하지 않으며, 뽐내지 않으며, 교만하지 않습니다.

사랑은 무례하지 않으며, 자기의 이익을 구하지 않으며, 성을 내지 않으며, 원한을 품지 않습니다.

사랑은 불의를 기뻐하지 않으며, 진리와 함께 기뻐합니다.

사랑은 모든 것을 덮어 주며, 모든 것을 믿으며, 모든 것을 바라며, 모든 것을 견딥니다.

그러므로 믿음, 소망, 사랑,

이 세 가지는 항상 있을 것인데,

그 가운데서 으뜸은 사랑입니다.

바울이 쓴 고린도 전서 13장이었습니다. 신랑 신부 둘이 항상 사

랑하며 기쁘게 살았으면 좋겠습니다. 그리고 여기 오신 여러분도 서로 사랑하며 행복하게 사십시오."

우레와 같은 박수 소리가 퍼져 나왔다. 신랑과 신부는 웃으며 조용히 눈물을 흘렸다. '감사합니다, 선생님.' '고마워요, 아빠.' 신랑 신부는 박선환의 주례사를 가슴에 깊이 새겼다. 이어 사회자가 마이크를 잡았다.

"오늘의 하이라이트, 축가가 있겠습니다. 축가는 평소에 신랑에게 가르침을 받은 푸른꿈 청소년들이 준비했다고 합니다. 큰 박수로 맞이해 주시지요."

박수 소리가 쏟아져 나왔다. 영수와 성찬, 지우와 은희, 그리고 20여 명 되는 청소년이 빨간색 티셔츠와 흰 바지로 맞춰 입고 등장했다. 노래가 시작되었다. 노래는 〈오 해피 데이Oh, Happy Day〉였다. 아이들의 노랫소리와 율동에 맞춰 하객들이 박수로 호응하였다. 노래는 점점 클라이맥스로 향했다.

He taught me how

그는 우리에게 가르쳐 주었지요.

To wash

어떻게 깨끗이 되고

Fight and pray

어떻게 싸우고 기도할지를

And he taught me how to live rejoicing

그리고 그는 가르쳤어요. 어떻게 즐겁게 살아야 하는지를

yes, He did

그래요 그가 가르쳤어요.

Oh yeah, every, every day

우리가 사는 하루하루가

Oh happy day

즐거운 날이라는 것을

I'm talking about

that happy day

우린 그 즐거운 날을

이야기하고 있어요.

He taught me how

그가 가르쳐 준

To wash

깨끗이 되고

Fight and pray

싸우고 기도하고

And to live

살아가는 방법을

I know I'm talking about happy days

이제 알아요. 우리는 행복한 날들을 이야기해요.

sing it, sing it, sing it,

우리가 부르는 행복의 노래

Oh, oh, oh

오, 오, 오

Oh happy day

오 행복한 날

노래가 끝나자 힘찬 박수 소리가 호수공원 공연장을 가득 채우고 멀리까지 퍼져 나갔다. 아이들은 노래를 마치면서 모두 김바르를 향해 손을 뻗었다. 김바르가 신부와 함께 환하게 웃고 있었다.

부록

스피노자의 생애

● 1632

11월 24일 네덜란드 암스테르담에서 포르투갈계 유대인 공동체의 명망 있는 상인 가문에서 둘째 아들로 태어났다. 그의 전체 이름은 네덜란드 어로는 바뤼흐 스피노자(Baruch Spinoza)이고, 포르투갈 어로는 벤투 드 이스피노자(Bento de Espinoza)이다. 암스테르담은 자유롭고 국제적인 도시였으며, 종교적인 관용이 넘치는 도시였다. 그에 따라 유대인들은 자유롭게 예배를 드리고 공동체를 구성할 수 있었다.

● 1639

유대인 학교에서 수강하며 히브리 어를 배웠다. 이때 『탈무드』에 스스로 주석을 달기도 했다.

● 1649

아버지의 사업을 돕던 형 이삭이 죽자 스피노자는 정규 교육 과정을 중단하고, 동생 가브리엘과 함께 회사를 경영했다. 하지만 스피노자는 상업적 삶에 만족하지 않았고 학문을 계속하고 싶어했다.

● 1650

오라녀(Oranje) 파의 빌렘 2세의 왕정복고를 위한 쿠데타가 실패하고, 공화주의자였던 얀 더빗(Johan de Witt)이 네덜란드의 재상이 되었다.

● 1652

유대인 공동체에서 벗어나 예수회의 수사이자 급진주의적 정치가인 반 덴 엔덴(Van den Enden)의 강의에 참석하여 라틴 어와 급진적 사상을 배웠다. 데카르트를 공부했던 것도 이 시기였다.

● 1656

유대인 공동체의 전통적 사상을 따르지 않고 사악한 견해와 이단적인 학설에 빠져있다는 죄목으로 암스테르담의 유대인 공동체에서 파문당했다.

● 1660

자신의 생각을 정리하고 체계화할 목적으로 레이든 근처에 있는 라인 강변의 조용한 마을 레인스뷔르흐로 거처를 옮겼다. 스피노자는 이곳에서 레이든 대학의 지인들과 계속해서 교제를 나누며 자신의 생각을 정리해 갔다. 아울러 하숙하던 집의 안쪽 방에 렌즈를 깎는 장비를 갖춰놓고, 렌즈를 깎아 생계를 이어 갔다. 렌즈를 깎는 일은 생계수단일 뿐만 아니라 자신의 과학적 관심사를 충족시키기 위한 것이었다. 그는 현미경과 망원경도 제작했다.

● 1662

4월부터 『신, 인간, 그리고 인간의 행복에 관한 소고』, 『지성교정론』(1677년 출간)의 저술을 준비했다. 이때 데카르트의 『철학의 원리』에 대한 기하학적 해석서의 많은 부분과 『기하학적 방식으로 다룬 윤리학』(일명 『에티카』, 1662~75년 집필, 1677년 출판) 제1권을 완성했다. 이 책은 원래 3부로 계획되었지만 1677년 5부로 구성되어 출간되었다.

● 1663

레인스뷔르흐에서 그리 멀지 않은 작은 마을인 보르뷔르흐로 거처를 옮겼다. 그곳에서 스피노자는 데카르트의 『철학의 원리』에 대한 해석서인 『기하학적 방식에 근거한 데카르트의 철학 원리』 1, 2부를 집필했다. 이 책은 그의 생전에 자신의 이름으로 출판된 유일한 저작이었다.

● 1670

전통적인 종교를 비판하고, 학문의 자유를 주장하는 『신학정치론』을 암스테르담에서 익명으로 출간했다. 이 책은 대단한 관심을 불러일으켜 5년에 걸쳐 5쇄를 거듭할 정도였지만, 한편 시의회, 지방의회, 교회 단체들로부터 공식적인 비난을 받으며 금서로 낙인이 찍혔다. 『신학정치론』의 집필을 끝내고 보르뷔르흐에서 헤이그로 이사했다. 그는 그곳에서 지인들과 교제하며 다시 『에티카』 집필에 힘을 쏟았다. 그는 항상 검소하고 절제된 생활을 했다.

● 1672

프랑스의 루이 14세가 네덜란드를 침공했다. 이 침공에 대하여 왕정복고를 꿈꾸는 오라녀 파는 강경대응을 고집했고, 공화주의자 얀 더빗은 군사적 개입에 반대했다. 이 논쟁은 오라녀 파의 승리로 귀결되었다. 프랑스와의 전쟁에 소극적이었던 얀 더빗(Johan de Witt) 형제가 분노한 군중들에 휩싸여 거리에서 살해되었다. 스피노자는 이러한 사실에 분노하여 거리로 나서려했으나 집주인이 말려 나가지 못했다. 만약에 나갔더라면 스피노자는 그 자리에서 얀 더빗 형제와 같은 운명에 처해졌을 것이다. 네덜란드의 권력은 이제 중앙집권을 주장하는 오라녀 파에게 넘어갔다. 더빗 형제가 살해되자 스피노자에 대한 적대적 운동이 펼쳐졌다.

● 1673

하이델베르크 대학 교수 파브리시우스가 교수직을 제안하지만 학문적 자유를 위해 이를 거절했다. 프랑스 루이 14세의 군대 부사령관인 장 바티스트 스투페의 초청을 받고 연회에 참석한 것을 이유로 네덜란드 동포들에게 미움을 샀다. 하지만 스피노자가 초청에 참석한 이유는 네덜란드의 안녕과 공화주의에 대한 입장을 표명하기 위해서였다.

● 1675

『에티카』를 출간하려다 신변의 위협을 느끼고 포기했다.

● 1676

라이프니츠(Leibniz)가 헤이그로 와서 스피노자를 방문했다. 스피노자와 라이프니츠는 몇 주 동안 여러 차례 만나면서 철학적 견해를 나누었다. 스피노자는 『신학정치론』의 후속작인 『정치론』의 집필을 시작하지만 결국 끝을 내지 못했다.

● 1677

2월 21일 44세의 나이로 사망했다. 그의 죽음은 렌즈를 가공할 때 발생되는 유리가루를 수년한 흡입하면서 생긴 호흡기 질환이 원인이었다. 그의 죽음은 급작스러운 것이어서 유언장도 작성하지 못했다. 죽은 지 나흘 후 헤이그에 있는 뉴처치 공동묘지에 묻혔다. 그가 죽은 후 출판된 『유고집』에는 『에티카』, 『정치론』, 『지성개선론』과 그 밖의 여러 서한과 히브리 어 문법서들이 모두 실렸다.

『에티카』에 대하여

스피노자의 『에티카Ethica』는 우리의 삶을 방해하는 장애물을 어떻게 이해하고, 그 속에서 인간이 어떻게 지극한 행복에 도달할 수 있는지를 탐구한 책이다. 스피노자는 책 속에서 신 또는 자연에 대한 이해, 인간의 지위와 심리에 대한 이해, 사회에 대한 이해를 탐구한다. 이러한 탐구에는 물론 기존에 종교적으로 철학적으로 잘못된 이해에 대한 비판이 담겨 있다.

스피노자의 『에티카』는 철학이 다루는 전방위적 측면을 자신의 논의로 삼는다. 형이상학, 심리학, 윤리학, 정치철학, 종교철학 등이 새롭게 탐구된다. 총 5부로 구성된 이 책의 내용을 간략히 정리하면 다음과 같다.

1부 – 신에 대하여

우주의 단일하고 무한하며 영원하고 필연적으로 존재하는 실체를 탐구한다. 이 실체를 신 또는 자연이라 부른다. 그렇다면 세상은? 우리를 포함한 이 세상은 신 또는 자연의 일부이다. 따라서 자연 속에 있는 모든 개체는 필연적인 자연의 법칙에서 벗어날 수 없는 존재이다. 여기에는 그 어떤 예외도 없다. 따라서 필연적인 자연법칙 외에 어떠한 목적도 설정할 수 없다. 그렇다면 인간의 세계에 개입하는 기독교 신의 모습은 인간의 상상력이 빚어낸 허구에 불과하게 된다.

2부 – 정신의 본성과 기원에 대하여

신 또는 자연은 무한한 속성을 가지며 그러한 속성에 의하여 다양한 모습으로 나타나는데, 인간은 이 무한한 속성 중에서 단 두 가지 속성만을 인식한다. 사유와 연장이다. 정신과 물질로 나타나는 이 속성은 자연이라는 하나의 실체의 무한한 속성이 드러나는 모습이기 때문에, 인간은 이 속성을 통해 신 또는 자연을 파악할 수 있다.

3부 – 정서의 기원과 본성에 대하여

인간은 자신을 둘러싸고 있는 다양한 세계에 다양한 방식으로 반응한다. 정신적 측면에서 보면 이러한 반응은 능동과 수동으로 구분할 수 있다. 수동은 대상이 우리에게 영향을 주는 것에 대한 반응이라면, 능동은 그와는 반대로 우리가 대상에게 영향을 주는 것이다. 수동은 기쁨과 슬픔의 정서로 나타나지만, 능동은 기쁨의 정서로 나타난다. 그에 따라 우리의 역량이 증가하거나 감소한다. 따라서 우리는 우리에게 기쁨과 역량의 증가를 주는 능동의 방식으로 삶을 살아야 한다.

4부 – 인간 예속 또는 정서의 힘에 대하여

인간은 결코 정념으로부터 자유로울 수 없다. 오히려 다양한 정념에 의하여 지배를 받는다. 왜냐하면 인간은 자연의 일부이고, 외부 작용에 영향을 받기 때문이다. 이렇게 인간을 예속하는 정념에 대하여 무시하는 것이 아니라 오히려 그러한 정념을 잘 이해하고 활용함으로써 자유로울 수 있게 된다. 감정에 사로잡히는 존재가 아니라 이성에 따라 삶을 살아가는 사람은 자유인이다. 자유인은 선하고 좋은 것을 추구하고, 악하고 나쁜 것을 멀리한다. 이러한 삶을 살아갈 때 우리는 수동적 정서의 힘에서 벗어날 수 있게 된다.

5부 – 지성의 능력 또는 인간의 자유에 대하여

인간의 최고인식 유형은 신 또는 자연에 대하여 철저하게 아는 것이다. 이를 스피노자는 직관지라고 말했다. 직관은 신과 자연은 동일한 것이고, 모든 것은 본질적으로 신과 관련되어 있음을 파악하는 것이다. 이러한 지성의 능력을 갖게 될 때 인간은 자유로울 수 있으며 최고의 행복에 도달할 수 있다.

읽고 풀기

1. 스피노자는 유대인 공동체에서 파문을 당한 후에 생계를 유지하고, 학문적 깊이를 더하기 위해 어떤 일을 하는데요. 무슨 일일까요?

2. 스피노자가 생각하는 신과 전통적인 기독교에서 이야기하는 신은 어떤 점에서 다를까요? 1부 4장 참고

3. 소설 속에 김바르는 퍼즐 조각을 예로 들어, 이 세상의 모든 존재가 영원한 신의 모습의 일부라고 말했는데, 그것은 무슨 의미일까요? 048쪽~056쪽 참고

4. 소설 속에 김바르는 「에티카」가 보통사람에게는 읽기 어려운 방식으로 쓰여졌다고 했는데, 어떤 방식으로 쓰여졌을까요? 058쪽~066쪽 참고

5. 스피노자는 욕망을 긍정하고 확장하라고 말하는데, 스피노자가 말하는 욕망이란 무엇일까요? 067쪽~074쪽 참고

6. 스피노자는 사랑을 "외부 원인에 대한 관념에 수반하는 기쁨"이라고 정의했는데, 이에 대해서 설명해 봅시다. 075쪽~081쪽 참고

7. 스피노자는 전통적인 의미에서의 선과 악을 다르게 보았는데, 스피노자가 이해하는 선과 악은 무엇일까요? 100쪽~107쪽 참고

8. 스피노자는 능동과 수동을 이야기하면서 진정한 자유인의 모습에 대해서 이야기하는데, 어떤 사람이 진정한 자유인일까요? 116쪽~123쪽 참고

9. 스피노자는 "자유인은 결코 죽음을 생각하지 않으며, 그의 지혜는 죽음이 아니라 삶에 대한 성찰이다."라고 말했는데, 왜 자유인은 죽음을 생각하지 않을까요?

131쪽~138쪽 참고

10. 사랑을 받는 것보다는 사랑을 하는 것이 더 행복한데 그 이유는 무엇일까요?

147쪽~153쪽 참고

11. 스피노자에 따르면 자유로운 인간은 자신을 위해서 뿐만 아니라 남을 위해서도 선을 행한다고 했는데, 왜 그럴까요? 171쪽~178쪽 참고

읽고 풀기 답

1. 렌즈를 깎는 일

2. 본문 중에서 – "기독교는 신이 이 세상에 있지 않고 저 너머의 영원한 세계에 살고 있고, 이 세계는 악이 넘치고, 그래서 사람들은 죄를 짓고, 그래서 신이 벌을 내리고, 자신을 숭배하는 사람한테는 축복을 내리는 것이 신이라고 가르치고 있어. 하지만 스피노자가 철학적으로 정의 내린 신은 그와는 아주 다른 신이었어. 신은 완전하고 영원하며, 그러한 신에 의해서 만들어진 세상 역시 신의 모습을 따라 만들어졌기에 선도 악도 없이 완전하고 영원해. 그러한 신의 세계를 이해할 수 있다면 우리도 또한 슬픔 없이 기쁨만을 누리는 삶을 살 수 있다고 생각했어."

3. 본문 중에서 – "그러니까 우리 모두는, 우리뿐만 아니라 이 세상 만물은 신의 영원성 안에 있는 한 조각 퍼즐 같은 존재이지. 조각 하나하나는 보잘 것 없고 영원하지 않은 것 같지만, 그 조각이 없으면 결코 퍼즐이 완전하게 맞춰지지 않는 것처럼, 우리는 신의 영원함에 동참하는 소중한 조각들이야. 그래서 우리 중 어느 하나가 빠지면 신의 완전함은 결코 완성될 수 없어."

4. 본문 속에서 – "『에티카』가 어려운 이유는 기하학적 방식으로 신과 인간과 사회를 증명하려 했기 때문이야. 너희가 수학 시간에 증명하는 것을 배울 때의

어려움을 생각하면 되겠구나. 스피노자는 누구도 부정할 수 없는 정의, 공리, 정리, 증명 등의 형식을 통해 모든 것을 설명하고 싶어 했지. 우리가 쓰는 일상적인 언어의 방식과는 다른 방식을 채택했던 거야. 그래서 처음 읽을 때는 낯선 세상을 만난 것처럼 어리둥절하고 당황스럽고 어려운 것이 당연하지."

5. 본문 속에서 – "(스피노자는 욕망을) 인간의 본질 자체로 보았지. 본질은 팥빵의 팥과 같은 거야. 그것이 없으면 팥빵이 될 수 없지. 따라서 인간은 욕망 그 자체라고 말할 수 있어. 인간에게 욕망이 없다면 인간은 어떠한 행동도 결정도 할 수 없고 삶도 살아갈 수 없다는 거야. 욕망은 절제하고 부정해야 할 것이 아니라 확장하고 긍정해야 할 것이지."

"아니야. 모든 것이 욕망이라는 것을 이해하라는 거야. 진리를 알고자 하는 욕망, 바르게 살고자 하는 욕망, 잘 살고 싶은 욕망으로 말이야. 만약에 인간에게 욕망이 없다면 진리니 이성이니 하는 것은 아무런 의미도 없어. 그런 의미에서 스피노자의 윤리학은 '욕망의 윤리학'이지."

"욕망은 그러한 것들을 실현할 수 있는 인간의 능력이야. 우리는 우리와 다른 무엇이 되기 위해 욕망하는 것이 아니라 바로 우리 자신이 되기 위해 욕망하지. 그 욕망이 실현될 때 우리의 능력은 증가하고 기쁨을 누릴 수 있어. 한편 그 욕망이 좌절될 때 우리의 능력은 감소하고 슬픔에 빠져들지. 스피노자가 바라는 세상은 우리가 바로 우리 자신을 실현하기 위해서 자신의 능력을 키우며 기쁜 삶을 누리는 것이었어. 그래서 스피노자의 윤리학을 '기쁨의 윤리학'이라고도 해"

6. 본문 속에서 – "첫째, 외부 원인. 이 말은 사랑은 저절로 생기지 않는다는 거야. 사랑의 원인이 외부에서 온다는 거지. 따라서 사랑을 할 때에는 그 대상을 잘 선택해야 해. 어떤 대상을 선택하느냐가 사랑의 운명을 결정하게 되니까. 돈, 명예, 지위, 심지어 술이나 쾌락도 사랑의 대상이 될 수 있어. 재물욕, 명예욕, 지위욕, 음주욕, 탐욕도 다 사랑의 종류라 할 수 있지.

둘째, 사랑은 사랑하는 대상 그 자체에서 오는 것이 아니라 그 대상에 대한 관념에서 생긴다는 거야. 사랑하고 있다는 생각, 사랑받고 있다는 생각이 사랑을 구성하는 거지. 그래서 대상은 변함이 없는데도 대상에 대한 생각이 변하기도 하지. 사랑하던 사람이 미워지기도 하고, 그토록 미워했던 사람과 사랑에 빠지기도 하고 말이야. 아, 요즘 '나쁜 남자'라는 말이 유행이더구나. 나쁜 짓을 하는데도 사랑의 감정이 생긴다면 사랑이 대상에게서 직접 오는 것이 아니라, 우리의 생각을 통해서 오는 것임을 알 수 있지.

셋째, 사랑은 기쁨이야. 사람은 사랑을 할 때와 받을 때 가장 기쁘잖아. 우리가 사랑에 실패하면서도 다시 사랑하고 싶어지는 이유는, 사랑이 바로 기쁨을 증가시키는 감정이기 때문이야. 그래서 사람은 본능적으로 사랑을 갈구하는 거야.

7. 본문 속에서 – "그래, 하지만 스피노자가 말하는 선과 악은 전통적 의미에서 말하는 선과 악과는 다른 거야. 전통적으로 선과 악은 존재의 본질에 속한다고 보았지. 쉽게 말해, 이 세상에 존재하는 것들을 선한 존재와 악한 존재로 나눌 수 있다는 생각이야. 하지만 스피노자는 이러한 생각에 반대했어. 이 세상의 모든 존재는 그 본성상 선하지도 악하지도 않아. 선과 악은 대상과의 관계에서 만들어지는 상대적인 생각일 뿐이야. 예를 들어 독사는 그 자체로는 선하지도 악하지도 않지만, 독사에 대해 무지한 사람이 독사를 만날 때는 뱀에 물려 위험한 상태에 처하게 되고, 독사에 대해서 잘 아는 사람이 독사를 만날 때는 독사를 피해 안전하게 되지. 심지어 독사의 독으로 의약품을 만들어서 사람의 생명을 살리는 약으로 사용할 수도 있어."

8. 본문 속에서 – "진정한 자유인은 그래서 자기를 점점 완성하는 사람이야. 자신의 신체와 정신의 능력을 최대한 끌어내어 자신을 선의 방향으로 이끌어 가는 것을 선택하고, 악의 방향으로 이끄는 것을 물리치지. 몸도 마음도 점점 건강해지는 사람,

자신을 슬프게 만드는 것들을 이해하고 기쁨의 방향으로 돌리는 사람, 그래서 자기의 현재 삶에서 신의 완전성에 도달한 사람, 그런 사람이 바로 자유인이야."

9. 본문 속에서 – "자유의 조건은 앎인데, 사람은 죽음에 대해서 알 수 없다고 보았기 때문이야. 왜냐하면 우리는 살아 있는 사람이니까. 살아 있는 동안에는 죽음을 알 수 없고, 죽고 나서는 삶을 알 수 없으니, 죽음에 대해서 생각하는 것은 쓸데없는 일이라고 판단했어. 차라리 우리가 알 수 있는 것, 즉 삶에 대해서 더욱 잘 살펴보는 것이 지혜라고 보았지."

10. 본문 속에서 – "사랑을 받는 것은 아름답고 기쁜 일이야. 우리 모두가 사랑을 받고 살잖아. 하지만 사랑을 받는 일은 상대방의 정서나 상태에 따라 변덕이 심해지기도 하지. 그래서 금세 기쁨이 슬픔으로 변하기도 하고 말이야. 우리는 사랑을 받는 것에 대한 자신의 반응을 능동적인 사랑이라고 착각해. 하지만 그것은 수동적인 거야. 사랑을 하는 것은 단순한 감정이 아니라 자신의 지성과 능력을 필요로 하는 일이지. 에리히 프롬이라는 철학자는 '이기심'과 '자기애'라는 말로 이 둘을 설명했어. '이기심'은 사랑의 결핍 때문에 생겨나는 감정이지. 뭔가 부족하기 때문에 끊임없이 사랑을 갈구하지만 결코 그 사랑은 채워지지 않아. 밑 빠진 독처럼 말이야. 하지만 '자기애'는

마치 샘물처럼 넘쳐 나는 사랑이야. 자기를 알고 진정으로 자기를 사랑하는 사람은 엄청난 사랑의 능력을 갖게 돼. 그 사랑이 넘쳐흘러 다른 사람에게까지 전파되지. 그런 사람은 슬픔에 빠지지 않아. 자신이 하는 사랑의 활동이 기쁨이 되기 때문이지."

11. 본문 속에서 – "진정 자유로운 사람은 이성에 따라 살아가는 사람이야. 이런 사람은 수동적인 욕망에 따라 살아가는 사람보다 더욱 자신의 욕망을 잘 이해하고, 충실하게 살아가기 때문에 다른 사람에게도 유익하다고 생각했지. 왜냐하면 인간은 인간과의 관계에서 가장 큰 기쁨을 맛볼 수 있으니까. 만약에 자신의 기쁨을 위해 다른 사람을 슬프게 만들면, 그 슬픔의 정서는 다른 사람을 수동적으로 만들 뿐만 아니라, 그러한 슬픔의 정서가 다시 자신에게 영향을 미치게 되지. 하지만 이성에 따르는 사람은 기쁨과 기쁨이 만나는 관계를 통해 가장 완전한 삶을 살아갈 수 있다는 것을 알고 있지. 그러기에 서로에게 진실로 유익하게 되기 위해 노력할 수밖에 없는 거야."

참고도서

스피노자, 『에티카』(서광사, 2012)

스피노자, 『신학-정치론』(책세상, 2002)

스피노자, 『데카르트 철학의 원리』(책세상, 2010)

스티븐 네들러, 『스피노자-철학을 도발한 철학자』(텍스트, 2012)

스피븐 네들러, 『에티카를 읽는다』(그린비, 2013)

질 들뢰즈, 『스피노자의 철학』(민음사, 2012)

질 들뢰즈, 『스피노자와 표현의 문제』(인간사랑, 2004)

안토니오 네그리, 『야만적 별종』(푸른숲, 1997)

안토니오 네그리, 『전복적 스피노자』(그린비, 2005)

알렉상드르 마트롱, 『스피노자 철학에서 개인과 공동체』(그린비, 2008)

매튜 스튜어트, 『스피노자는 왜 라이프니츠를 몰래 만났나』(교양인, 2011)

발타자르 토마스, 『비참할 땐 스피노자』(자음과 모음, 2013)

이수영, 『에티카, 자유와 긍정의 철학』(오월의 봄, 2013)

신승철, 『눈물닦고 스피노자』(동녘, 2012)

이진경, 『철학과 굴뚝청소부』(그린비, 2009)

성회경, 『스피노자와 붓다』(한국학술정보, 2009)